SPORTS POUR TOUS

Collection dirigée
par Daniel Mermet

Couverture : p. 1 : Daniel Czap ; p. 4 : Franck Seguin.
Conception graphique : Andréa Lebelle

I.S.B.N. 2-221-07105-0

L'ÉQUITATION

JEAN D'ORGEIX

UNE MÉTHODE FRANÇAISE
D'INSTRUCTION
ANGLES ET RYTHMES

NOUVELLE ÉDITION REVUE ET COMPLÉTÉE

Robert Laffont

INTRODUCTION

La première édition d'*Une méthode française d'instruction* date de 1977. Elle battit les records de vente d'un livre équestre durant ses trois premières semaines de parution : plus de onze mille exemplaires. C'était au moment de la grande polémique m'opposant à l'écuyer en chef de Saumur de cette époque, au sujet justement de l'instruction équestre.

Ce livre d'ailleurs comportait des passages extrêmement polémiques et parfois violents dans les termes. Si je n'ai pas changé le fond, j'ai adouci la forme. Il faut savoir arrêter les guerres, même de religion. Il n'en demeure pas moins que la mienne est fort différente de celle encore enseignée à l'École nationale d'équitation qui, je ne cesserai et de l'affirmer et de le démontrer, est hérétique sur certains aspects fondamentaux par rapport au véritable classicisme français.

Il est amusant, si on veut, de constater qu'en équitation aussi les prêtres appartenant officiellement à l'orthodoxie propagent des idées qu'auraient condamnées tous les prêtres du passé, et que ce sont ceux restant dans la tradition séculaire qui sont déclarés schismatiques.

Lorsque ce livre parut en 1977, je venais de quitter le poste d'entraîneur national de saut d'obstacles. J'avais formé en occupant cette fonction des élèves qui avaient eu en compétition des résultats réellement extraordinaires pour des cavaliers aussi jeunes et formés en un aussi court laps de temps.

Toutefois mon expérience pédagogique avait été limitée à cette catégorie très précise d'élèves : jeunes se spécialisant en vue de la compétition de saut d'obstacles.

Depuis ce temps j'ai dirigé une grande quantité de stages et j'ai donc ainsi fait travailler des milliers d'élèves de tous les âges, de tous les niveaux, y compris de complets débutants.

Quelles leçons permanentes ! Quelles possibilités d'analyses, de recherches ! Quelle expérience concernant les problèmes touchant à la communication maître-élève, la faculté de se faire comprendre par ce dernier. Or, pour mieux communiquer il faut mieux analyser ; et plus l'analyse est poussée plus on va de découverte en découverte. Celles ayant trait à la pédagogie, mais aussi, celles ayant trait à la pratique même de l'équitation.

C'est ainsi qu'en 1984 j'écrivis un livre intitulé *Angles et Rythmes*. Voici l'avant-propos qui introduisait cet ouvrage avec comme titre...

Fontaine

Il ne faut jamais dire : « Fontaine, je ne boirai plus de ton eau ! » Eh oui ! nous le savons, nous l'avons appris ; la vie nous l'a confirmé. Il n'empêche qu'un beau matin, forts d'une belle certitude, nous disons : « Cette fois, j'en suis certain, fontaine je ne boirai plus jamais à ta source. » Mais les vieux dictons nous transmettant l'expérience et la sagesse des générations passées ont pourtant toujours raison.

Le matin où j'ai eu cette belle certitude en ce qui concerne les problèmes équestres était fort beau. Le soleil était haut et chaud au-dessus du golfe de Tadjoura, près de Djibouti. Autour du bateau mouillé dans une petite baie, l'eau était infiniment claire et des milliers de poissons de toutes formes, tailles, couleurs jouaient ou paressaient dans les labyrinthes du massif de corail sur lequel j'avais jeté l'ancre.

J'écrivais installé à l'ombre du cockpit. A un moment j'ai ponctué d'un point la fin d'une phrase, tiré un grand trait sous le texte et fermé le cahier qui portait en en-tête :

L'Équitation de saut d'obstacles,
la méthode.

J'ai fort bien gardé le souvenir de cet instant. Après avoir poussé un grand soupir de soulagement, regardé le splendide spectacle, chaussé des palmes et mis un masque de plongée, j'ai sauté dans les eaux du golfe pour aller moi aussi jouer dans les coraux au milieu de la faune sous-marine.

Les dernières lignes que j'avais écrites étaient les suivantes : « ... ce livre est le dernier que nous consacrons à l'équitation... »

Fontaine... !

Encore une fois le vieux dicton a raison puisque aujourd'hui j'ai ouvert un nouveau cahier après avoir écrit sur la couverture : Angles et Rythmes.

Pourquoi ce nouveau livre ? Pourquoi ce titre ?

En 1979, j'étais convaincu d'avoir terminé mon dernier ouvrage équestre car dans les deux volumes de L'Équitation de saut d'obstacles *j'avais écrit tout ce que je pouvais et souhaitais dire.*

Pour moi le tour de manège était terminé. Il avait débuté bien longtemps auparavant quand j'étais un compétiteur en concours hippiques, vite tenté de mettre par écrit ses impressions de cavalier. Mon premier livre, Cheval quand tu nous tiens [1], *fut d'ailleurs le premier livre du monde consacré entièrement à l'équitation de saut d'obstacles. Jusqu'alors, souvent, les traités d'équitation comportaient seulement, en fin de volume, un ou deux chapitres sur « le saut ». On voit donc comme la littérature équestre d'obstacles est d'origine récente. Après avoir été entraîneur national, j'écrivis trois livres successifs pour analyser, expliquer les conclusions de cette vie hippique et définir une doctrine sur l'obstacle découlant d'expériences personnelles, mais aussi et surtout de l'étude des grands maîtres et des grands exécutants du passé et du présent.*

Le tour de manège était terminé ; les lampions s'éteignaient...

Mais la vie continue et, un peu par hasard d'abord, régulièrement ensuite, j'ai dirigé des stages équestres. Un peu partout, en France certes mais aussi en Suisse, en Belgique, en Espagne... dans tous les pays où les participants pouvaient entendre la langue française. J'ai toujours refusé d'enseigner par traducteur interposé car je pense qu'il est alors très difficile de réellement pouvoir se faire comprendre.

Les stages se sont succédé avec des cavaliers de tous les niveaux (je fis une expérience passionnante durant un mois avec six jeunes n'ayant jamais monté à cheval), ou avec des cavaliers ayant eu des formations diverses, montant des chevaux dressés, peu dressés ou même pas du tout. Des cavaliers et cavalières de tous les âges.

Ce fut merveilleux !

Je ne peux dire si pour ma part j'ai apporté beaucoup à tous ceux qui m'ont témoigné leur confiance en travaillant selon mes conseils, mais ce que je suis en mesure d'affirmer, c'est qu'eux, eux tous, m'ont énormément appris.

Quelle reconnaissance j'éprouve à leur égard ! Moi qui pensais avoir atteint la limite de mes possibilités de compréhension équestre, soudain j'allais de découverte en découverte.

---

1. Éditions Médicis, 1948.

Le problème pédagogique est double. La qualité d'un enseignement dépend bien évidemment du « fond », c'est-à-dire de ce qui est enseigné, mais aussi de la « forme », c'est-à-dire de la façon de communiquer.

Un maître peut être génial, posséder la « vérité vraie » – si tant est qu'elle existe ! – mais si ce maître ne parvient pas à réellement se faire comprendre de ses élèves, il ne sera qu'un piètre enseignant.

Encore parlons-nous là seulement du fond et de la forme, mais en équitation rien de sérieux ne peut s'obtenir sans le « sentiment » et le « tact ».

Un cheval réagit en fonction de lois mécaniques et psychiques. Elles peuvent s'apprendre. Mais comment se servir à bon escient de cette connaissance si le cavalier ne « sent » pas à chaque instant les conditions mécaniques et psychiques dans lesquelles se trouve son cheval ? Et les actions du cavalier, même justes dans l'esprit, perdent toute valeur si l'expression manque de « tact », c'est-à-dire n'a pas la douceur ou la fermeté, le moelleux ou la vigueur correspondant à l'effet cherché ; ou encore, si l'action n'est pas effectuée au moment même, souvent fugitif, où elle doit être accomplie.

Or trop d'écoles équestres ont tendance à estimer que « sentiment » et « tact » relèvent essentiellement de l'individu. Oh ! bien certainement, en équitation comme en toute activité humaine, il est des êtres plus doués que d'autres. Cependant, sentiment et tact peuvent aussi s'enseigner. Le premier est l'art de percevoir, le second, celui de transmettre ; mais perception et action ont trait à des effets mécaniques et psychiques, donc analysables, donc enseignables.

Alors, si l'on ne veut pas se contenter de donner des conseils, même excellents, mais en acceptant comme loi qu'ils ne sauraient être vraiment profitables aux élèves manquant de sentiment et de tact ; si l'on veut absolument, passionnément tenter de réellement communiquer, il faut impérativement chercher à créer, puis à développer le sentiment de l'élève et, en analysant les effets de chaque action, étudier la mécanique de ce qui est contenu dans ce concept, très réel, mais souvent flou, de tact équestre.

Dans cette voie il n'est pas de limites à la recherche et, surtout, il ne doit, il ne peut, exister de lois rigides.

Avant tout, l'élève doit « sentir » quand il se « passe quelque chose » sous lui. Pour cela, lui faire effectuer des mouvements simples, facilement réalisables mais provoquant chez le cheval des variations d'équilibrage, d'engagement, de répartition de poids sur son polygone de sustentation. Dans la mesure où le cavalier commence à enregistrer ces variations il est sur la voie d'acquérir peu à peu ce fameux « sentiment ».

Corollairement, travailler par des mouvements simples, mais demandés en alternant les actions des aides ; variations de l'angle des rênes par rapport au chanfrein, à la tenue, la longueur des rênes au rythme d'actions successives. Les réactions variables du cheval mettent également le cavalier sur la voie du tact équestre.

Certes, ces recherches ne sont pas réellement nouvelles ; rien ne peut l'être totalement en équitation, pourtant elles le sont dans la mesure où elles se révèlent applicables à des cavaliers modestes, voire à des débutants.

De façon générale il est considéré que « sentiment » et « tact » ne peuvent être l'apanage que de cavaliers confirmés. Si la chose demeure vraie, il se révèle tout de même qu'il est possible de mettre des élèves, même très débutants, sur les voies permettant d'y accéder, au lieu d'attendre que par une pratique continue le cavalier les découvre de lui-même, donc bien plus tard et parfois trop tard.

Voici une illustration de cette recherche. Durant un mois nous avons fait travailler six jeunes (trois garçons et trois filles), de quinze à seize ans, n'ayant jamais ce qui s'appelle « mis les fesses » sur un cheval. Précisons que ces élèves montaient environ trois heures par jour.

Très exactement le quatrième jour, nous leur avons appris comment et pourquoi demander une extension d'encolure.

Le cinquième jour, nous avons abordé les flexions latérales.

Le sixième, il s'agissait de savoir comment et pourquoi reculer.

Le septième jour, à l'arrêt seulement, comment demander une cession de nuque et s'exercer sur cette cession à entretenir une mobilité de la mâchoire par de légères actions décontractives. Dès ce septième jour également, ils devaient par eux-mêmes s'efforcer d'alterner quelques pas en avant et quelques pas de reculés, mais en *s'étant donné un nombre de pas précis. Par exemple : trois pas en avant, deux en arrière, six en avant, quatre en arrière, etc.*

Bien entendu, ils n'y sont pas parvenus tout de suite, mais ils s'amusaient *car ils avaient des objectifs précis à atteindre. Mettons-nous à la place de complets débutants. Il est merveilleux de sentir cette grande masse – impressionnante pour un néophyte – qui* obéit.

Se sentir devenir le « patron » de son cheval ! Par ailleurs, ces simples mouvements ouvrent les portes d'accès au sentiment et au tact.

Pour tenter de réussir à faire exactement quatre pas en avant, pas un de plus, pas un de moins, il faut déjà être attentif à ce qui se passe « dessous » ; sentir, pour compter, le mouvement musculaire de chaque pas. Pour arrêter de façon précise, il faut bien que l'action d'opposition s'effectue juste à l'instant voulu, faute de quoi le cheval fait un demi-pas en trop ou en moins. Ainsi ce complet débutant déjà sent et donc comprend le temps d'inertie fatal entre l'action et l'obéissance.

Au cours des après-midi, nous pouvions consacrer deux heures à leur travail ; soit vingt minutes avec chacun pris individuellement. Pendant ce temps les autres travaillaient seuls dans une très grande carrière. Nous avions un immense plaisir à les observer de loin.

L'un travaillait à l'arrêt ou au pas des extensions, un autre essayait de marcher droit tout en demandant de petites flexions latérales, un autre s'efforçait de faire des reculés en variant le nombre de pas... Mais tous étaient avec leurs chevaux. Déjà, à ce stade, ils cherchaient à contrôler les mouvements de cette masse musculaire... c'est la voie du sentiment !

Par ailleurs, cherchant à décontracter en permanence bouche et nuque, ils utilisaient leurs rênes avec précaution et douceur... c'est la voie du tact !

Durant les premières années il n'y eut pas un stage, pas un, qui ne se terminât sans que nous ayons fait au moins une découverte.

Celle-ci portait soit sur de nouvelles formes ou possibilités pédagogiques, soit... sur le fond même de l'art équestre. Ces fatales découvertes découlent de la nécessaire et permanente analyse.

Un élève doit effectuer un mouvement. Il n'y parvient pas. L'enseignant doit alors monter sur le cheval lui-même pour montrer le mouvement. Mais il ne suffit pas de le faire ! Il faut encore expliquer pourquoi ce mouvement est relativement aisé à obtenir.

Et cela, de prime abord, n'est pas évident !

La bonne exécution dépend justement souvent du sentiment et du tact du cavalier. Mais quand ce cavalier n'a jamais eu l'impératif de communiquer, il agit d'instinct. Il effectue des actions, pour lui évidentes, naturelles, mais qu'en général il n'a pas véritablement analysées. Par expérience, de façon empirique, il « sent » ce qu'il faut faire ; mais de là à l'expliquer...

Pour communiquer, pour enseigner, un cavalier, s'il possède du sentiment, doit dans bien des cas s'étudier lui-même ; chercher à comprendre les effets mécaniques de ses actions. Alors seulement il peut démontrer par lui-même, ce qui est évidemment nécessaire, mais aussi expliquer, *ce qui est l'objectif de tout enseignement.*

*Souvent au cours de nos premiers stages, et même parfois encore maintenant, nous avions du mal à comprendre pourquoi l'élève ne parvenait pas à réaliser un mouvement, simple pour nous, alors qu'*apparemment *il le demandait de la même manière. Il est souvent difficile et long de comprendre les infimes différences entre certaines actions, mais différences qui néanmoins changent du tout au tout les réactions du cheval.*

Alors, à l'issue de chaque stage, nous notions sur un carnet les remarques de toute sorte ayant découlé du travail quotidien. Aujourd'hui, la chose ne nous arrive plus après chaque stage, de temps en temps seulement. Nous n'en concluons certes pas que c'est parce que nous aurions fait le tour des connaissances à acquérir. Mon Dieu, non !

Les progrès de l'art équestre n'auront jamais de fin ; seulement chaque être, issu et dépendant de sa génération, a des limites à sa propre compréhension. Il est un temps où il a fait le « plein » de ce qu'il pouvait, lui, acquérir. Mais d'autres bien sûr, à leur tour, effectueront de nouvelles découvertes et approfondiront les connaissances.

Souvent en prenant des notes nous pensions à ceux posant le postulat que tout *en équitation a été découvert et dit depuis le* XIXe *siècle. Quelle aberration !*

Vieille, l'équitation ? Mais non ! Elle est très jeune. Elle sera éternellement jeune !

Ainsi, un jour, en classant l'ensemble de ces notes, nous avons réalisé combien notre propre pédagogie avait évolué en trois ou quatre ans ; tant sur la forme que sur le fond. Il existe donc sur un certain nombre de points un décalage avec nos précédents écrits.

Mieux ! En relisant après plusieurs années le deuxième volume de L'Équitation de saut d'obstacles (la méthode), *nous avons trouvé à trois reprises des phrases que nous avons relues avec attention et étonnement, ayant véritablement l'impression qu'il s'agissait des écrits d'un étranger.*

Voilà pourquoi nous avons décidé de reprendre la plume. Cet ouvrage n'est donc pas un « tout ». Il ne traite ni d'un aspect particulier des problèmes équestres, ni de l'ensemble de ces problèmes, traités de façon coordonnée, complète, comme nous avons tenté de le faire dans nos précédents ouvrages.

Il s'agit plus de « retouches », mais souvent fort importantes, ayant trait à des aspects différents. De plus, ayant vu et fait travailler des centaines de cavaliers, nous avons été à même de mieux déceler les problèmes clés, ceux que l'on retrouve chez une très grande majorité d'entre eux. Il nous semble bon ici de les évoquer et d'en parler plus longuement.

Aussi notre première pensée fut d'appeler cet ouvrage *Réflexions équestres*, mais, outre que ce titre nous semblait un peu froid, il présentait le défaut de sembler vouloir placer ce livre sur le même plan que le fameux *Questions équestres* du général Lhotte.

Nous avions donc provisoirement laissé de côté le problème mineur du titre. Mais en relisant nos notes, en les classant, il nous est apparu qu'un très grand nombre d'entre elles avaient trait au contrôle du cheval par et grâce à des actions rythmées et en variant les angles des aides supérieures.

Là réside sans doute le résultat le plus particulier de toutes nos recherches. L'équitation, la bonne, ne peut, ne doit utiliser la force ; ne serait-ce que parce que le cheval pèse plus de six cents kilos, et qu'en tout état de cause nous n'aurions pas les moyens physiques suffisants. Or pourtant bien des cavaliers cherchent plus ou moins confusément à utiliser la force, la croyant parfois indispensable. Que font d'autre tous ceux qui cherchent par l'emploi d'embouchures puissantes, coercitives, à contrôler leur monture ?

Si un cheval tire ou se défend, c'est par manque de travail dira-t-on ! Oui, l'art du dressage parvient à faire d'un animal physiquement bien plus puissant que nous un collaborateur soumis, obéissant dans la légèreté à nos demandes.

C'est vrai... mais pas tout à fait.

C'est vrai dans l'absolu, mais avec des réserves non négligeables découlant des réalités de la pratique. Un cheval peut être dressé, calme, soumis et cependant, soudain, en raison d'une cause quelconque, en général extérieure, avoir une réaction psychique entraînant des défenses et l'incitant à utiliser sa force pour résister à l'homme.

De même, tant que le cheval n'a pas acquis un dressage suffisant, *il oppose par instants des résistances qui obligent en principe le cavalier à des oppositions utilisant la force.*

Or il nous est apparu que dans la plupart des cas un cheval même violent, même non dressé, ne peut rien si son cavalier sait agir en fonction des angles et du rythme.

Nous allons bien sûr dans ce livre nous expliquer en détail sur cet aspect qui peut sembler à première vue nébuleux et relever de la seule théorie.

Pour l'instant, et pour illustrer nos propos, racontons une histoire qui a d'ailleurs eu une large part dans notre désir d'écrire un nouvel ouvrage. Tellement même que nous dédions ici ce livre à une jeune cavalière inconnue qui se reconnaîtra sans nul doute si ces lignes tombent sous ses yeux.

Nous étions de passage dans un centre équestre de la région du Rhône. Nous bavardions avec le directeur de cet établissement pendant qu'un moniteur dirigeait une reprise de jeunes cavaliers. Tout en parlant nous regardions les évolutions et j'avais remarqué une jeune cavalière, âgée de treize ans environ, qui semblait manifestement douée.

Vint au cours de cette reprise le moment de sauter. Un obstacle fut placé au centre du manège et à tour de rôle chaque élève venait le franchir.

Quand arriva le tour de la jeune cavalière, je remarquai avec étonnement qu'elle raccourcissait anormalement ses rênes et semblait se crisper. J'eus vite l'explication. Dès le tournant précédant l'obstacle, son cheval se rua littéralement vers la barre pendant que sa malheureuse cavalière arc-boutée sur ses rênes tentait inutilement de le retenir. Trois ou quatre fois elle passa l'obstacle ainsi. Des sauts faisant peur ! Ce cheval en totale défense, complètement sur les épaules, était à la merci d'une mauvaise arrivée pouvant se conclure par un dangereux panache.

Voyant cela, et comme cette petite cavalière m'avait paru adroite, je demandai au moniteur l'autorisation de lui donner un conseil. Je montai alors sur son cheval et lui expliquai rapidement certains principes d'oppositions ayant trait justement aux angles et au rythme. Puis je lui dis :

« Tu vois, je prends mes rênes simplement pincées entre le pouce et l'index, les autres doigts et toute la main ouverts. Je n'ai donc

aucune force. J'agis ainsi pour te montrer que tu pourras donc toi aussi en faire autant. Maintenant, regarde... »

Je mis le cheval au petit galop en scandant à la voix les actions pour qu'elle comprenne le rythme. Après une minute de travail, j'allai vers l'obstacle. Je restai au petit galop car le cheval ne pouvait mécaniquement pas changer sensiblement son allure. Il m'échappa très légèrement sur les deux dernières foulées. Nouvel essai : seule la foulée précédant la battue connut une petite accélération. Au troisième essai, le cheval prit l'obstacle au petit galop, sautant sans changer son rythme.

« Tu as vu ? A toi maintenant. »

La jeune cavalière se mit au galop en s'efforçant de travailler selon l'angle et le rythme que je venais de lui montrer. Disons tout de suite que cela exige une très grande fixité de main.

Ces actions ne sont pas très difficiles, cependant il faut en général à un cavalier n'ayant jamais travaillé ainsi quelques jours pour commencer à sentir le mouvement. Mais, nous l'avons dit, cette toute jeune fille était douée, et en quelques minutes elle garda son cheval au tout petit galop, dans un équilibrage excellent et sur des rênes fluides (nous reviendrons plus tard sur cette expression).

« Très... très bien. Maintenant, va sauter... Tu garderas ton cheval ainsi. »

Comme pour moi précédemment, le cheval échappa un peu sur les deux dernières foulées.

« Recommence, mais jusqu'au bout, jusqu'à la battue garde ta barrière fermée. »

Et cette jeune cavalière effectua toute la longueur face à l'obstacle au tout petit galop. Il n'y eut aucune variation de cadence ou d'équilibrage. Le cheval prit son obstacle tranquillement en basculant très bien, et sa cavalière l'arrêta facilement, calmement, six mètres après la barre.

« Voilà ! Parfait, tu as compris. C'était très, très bien. »

Mais pendant que je m'exclamais la petite cavalière arrêtée, me tournant le dos, devait rire car je voyais ses épaules se secouer. Et puis elle tourna son cheval. Elle était en larmes, sanglotant littéralement en balbutiant :

« ... Je ne peux pas le croire... je ne peux pas le croire... ça fait deux ans que j'ai ce cheval, je ne peux pas le croire. »

Cette jeune fille me donnait ce qui est à ce jour, et restera sans *doute, ma plus belle joie d'enseignant. La plus bouleversante certainement.*

Depuis deux ans elle possédait ce cheval, et depuis deux ans elle était terrorisée à chaque obstacle, se sentant impuissante sur un animal se ruant comme un fou furieux sur les barres. Et en quelques minutes, simplement en agissant dans un certain angle, avec un certain rythme, et cela sans presque aucune force, elle découvrait pouvoir venir sauter au tout petit galop, tranquillement, calmement, tout en pouvant arrêter sans aucun problème dès la réception.

La chose n'a été certes possible que grâce à son talent. Il est rare qu'un cavalier puisse sentir ainsi en quelques minutes le rythme et le sens de ces actions.

Mais cette histoire illustre bien notre dire. Il n'a pas été ici question de dressage préalable. Simplement, ce cheval ne pouvait soudain plus utiliser sa force pour échapper à sa cavalière.

Je n'ai plus jamais eu l'occasion de revoir cette jeune fille, mais je lui tiens une grande reconnaissance car j'étais alors au début de mes recherches sur les « angles et rythmes », et elle me conforta dans la certitude qu'il y avait là, non pas une véritable découverte, car tous les grands cavaliers s'en sont servis, mais une réalité insuffisamment expliquée et utilisée sur le plan pédagogique.

Trop facilement, le travail de ces grands cavaliers jouant des angles et des rythmes était ou est encore attribué à leur seul tact équestre. Alors que, s'il existe toujours des différences de talent sur le plan de l'exécution, il n'en demeure pas moins que ce fameux tact relève d'actions pouvant s'analyser mécaniquement parlant, et donc s'enseigner au moins dans leur principe.

***

Aussi puisqu'il est nécessaire aujourd'hui de rééditer une nouvelle fois ces deux ouvrages, j'ai pensé préférable de les fondre en un seul et... d'y ajouter le fruit de quelques expériences nouvelles faites depuis 1984.

Ceci d'autant plus que nombre de fois, et sans doute de plus en plus souvent, j'ai été amené à faire des constatations curieuses – « curieuses » dans le sens où je pensais : « Mais comment n'a-t-on jamais parlé jusqu'ici d'une chose tellement évidente ? »

En réfléchissant aux raisons – que l'on me pardonne, mais pour progresser il faut bien voir les vérités en face – des graves lacunes de l'enseignement équestre officiel en France, j'ai réalisé qu'elles s'expliquaient très logiquement, et c'est cette logique qu'il faut d'abord démontrer.

Je précise qu'il ne s'agit là aucunement de conflit concernant la doctrine équestre. Comment travailler un cheval ? Quel dressage est-il préférable de lui donner ? De quelle manière obtenir les meilleurs résultats ? Tout cela appartient à l'art équestre et il peut exister divergences d'opinions et d'écoles. Mais pour l'heure nous parlons de l'instruction équestre susceptible de donner au cavalier la totalité de ses moyens d'expression. Cet objectif est bien, je pense, commun à tous. Laissons donc de côté le problème de savoir comment par la suite le cavalier doit dresser, monter, utiliser son cheval, voyons seulement comment il peut acquérir le plus rapidement et le plus complètement possible, les moyens relevant forcément de problèmes d'ordre mécanique, ce qui a été appelé depuis fort longtemps : « l'indépendance des aides » !

L'indépendance est totale si le cavalier peut, à n'importe quelle allure, quelles que soient les éventuelles résistances de son cheval, utiliser toutes ses aides dans leur intégralité ; c'est-à-dire avec une extrême précision et l'exacte intensité (du plus doux, du plus léger jusqu'à la plus grande capacité de résistance) voulue par le cavalier.

Le mal initial vint de ce que, en France, comme d'ailleurs dans une partie de l'Europe, surtout méditerranéenne, « cavalerie » et « équitation » furent confondues.

Chaque nation autrefois possédait une cavalerie militaire. Donc, un grand nombre d'hommes formant des corps constitués, montant régulièrement afin d'utiliser leurs chevaux à des fins guerrières. Il fut donc posé en axiome que ces cavaliers étaient en raison de leur pratique quotidienne des spécialistes de l'art équestre. Ceci d'autant plus que nombre d'entre eux manifestèrent un grand talent dans les différentes disciplines hippiques.

Si en effet les cavaliers militaires pratiquaient quotidiennement l'équitation, c'était, voilà l'oubli, à des fins « militaires ». Il s'agissait de former des soldats susceptibles de se déplacer sur un cheval et éventuellement de combattre également sur un cheval. Par ailleurs, et les conséquences de ce second aspect de la question furent énormes, ces soldats formant des pelotons, des escadrons, des régiments devaient être à même de manœuvrer en formations serrées et de ... défiler !

La première chose exigée de la troupe dans une armée régulière est de savoir se présenter et défiler avec rigueur et ensemble. Il existait donc là des objectifs précis mais limités sur le plan de l'art équestre.

Les nombreux officiers de cavalerie qui s'illustrèrent à cheval le firent pour la bonne et simple raison que les corps de cavalerie étaient très nombreux – la France avant 1914 comptait plus de trois mille officiers et plus de douze mille sous-officiers de cavalerie. Il était donc logique que des individualités de talent se manifestent parmi un aussi grand nombre de pratiquants quotidiens.

En dépit de ces évidences un postulat était posé : la cavalerie détient les grands secrets de l'art équestre et donc de son instruction.

Or rien n'était plus faux puisqu'en raison de ses objectifs très limités l'instruction équestre militaire était extrêmement primaire. Il n'est pour le réaliser que de lire le merveilleux (mais très difficile à trouver) livre de Gustave Le Bon paru en 1892. Il est amusant de constater comme peu de choses ont changé.

Des exemples concernant les déformations issues de l'armée ? Elles fourmillent : l'équitation (art de régir les forces musculaires du cheval) s'apprend « en reprise », c'est-à-dire avec son cheval ayant le bout du nez dans le derrière de son prédécesseur et avec un autre cheval lui soufflant dans ses propres fesses !

Quel enseignement équestre un élève peut-il en tirer ? Il ne peut varier l'allure sous peine de mettre du désordre dans la reprise, et d'ailleurs une fois pour toutes son cheval sait qu'il doit suivre celui qui le précède et s'arrêter quand celui-ci s'arrête. Ces reprises peuvent servir à une mise en selle mais sûrement pas à la moindre instruction équestre sérieuse. Or la mise en selle n'est pas de l'équitation à proprement parler. Elle permet seulement au cavalier en lui donnant solidité et aisance de pouvoir ensuite pratiquer l'équitation ; elle ne représente donc qu'un tout premier stade.

Par contre, dans les armées, les chevaux devaient vivre et se mouvoir en groupe ; il fallait donc impérativement les habituer à supporter, sans botter ou mordre, de se déplacer en colonnes. La pratique du travail en reprise avait donc une logique tant pour la formation des chevaux que pour celle des cavaliers auxquels il était uniquement demandé d'avoir une bonne assiette. Mais cette formation devint aberrante quand elle fut employée aux fins de l'instruction de cavaliers civils.

En outre, des militaires défilant doivent absolument être tous dans une attitude similaire. Tous les fantassins tiennent leurs armes d'une même manière, ont le même balancement du bras, etc. Pour les cavaliers, il fallait de même fixer de façon très précise leur attitude – d'où la sacro-sainte « position du cavalier », définie avec précision les mains doivent être tenues à 25 centimètres l'une de l'autre... ! Et ceci que l'on soit juché sur un poney ou un percheron ! Rien que ce détail suffirait à faire comprendre l'infantilisme fondamental de notre instruction. Il s'agissait pour l'armée d'une position assez rigide, relevant d'un certain garde-à-vous, conforme à l'attitude que doit avoir une troupe militaire défilant en ordre. Seulement il en a été fait par la suite la position que doit avoir obligatoirement un cavalier pour pratiquer l'équitation. C'est absurde et ne rime à rien ! Mais de même que le cavalier militaire avait l'obligation d'apprendre par cœur afin de pouvoir réciter à toute demande hiérarchique la position du cavalier, il est toujours exigé des jeunes candidats à l'éperon de bronze de pouvoir réciter cette position. Imagine-t-on un jeune cycliste ou un jeune tennisman devant réciter par cœur leurs positions obligatoires, qui sur son vélo, qui raquette en main attendant le service adverse. Nous sommes toujours en pleine aberration.

Arrêtons, car les exemples seraient trop nombreux. Mais il est cependant nécessaire de bien comprendre que les cavaleries de tous les pays pratiquaient par la force des choses une équitation correspondant à leurs objectifs, donc à leurs besoins ; et que cette équitation spécifique était très limitée sur le plan de l'art équestre. En aucun cas l'armée, en tant que corps constitué, ne pouvait prétendre à des connaissances spéciales concernant l'instruction équestre civile. Pourtant en France elle y définit un véritable monopole de sa part en ce domaine.

Plus grave ! Le Cadre noir, donc l'armée, fut chargé de l'instruction, mais aussi de l'organisation des examens équestres. Tout naturellement il appliqua le principe militaire : imposer aux cavaliers une totale uniformité. Les examens furent et sont encore le moyen dictatorial de cette volonté.

Les examinateurs jugent la forme, l'obéissance à l'instruction officielle, et non le fond, c'est-à-dire la seule qualité de la monte.

Un candidat peut effectuer parfaitement le mouvement demandé, mais s'il le fait dans une position non conforme, ou grâce à une utilisation des aides différentes des dogmes officiels, il sera recalé. Un cavalier effectuant médiocrement le mouvement mais agissant exactement comme prévu par le règlement se verra reçu à l'examen.

L'instruction équestre officielle ne fut pas mise à la disposition des équitants pour les conseiller, les aider par son expérience, elle imposa (et impose toujours ; un tout petit peu moins peut-être... cela dépend des régions) dictatorialement ses vues et ose interdire la pratique équestre à ceux voulant monter différemment. Nous disons bien « interdire » puisqu'il n'est pas possible de participer à des compétitions sans avoir passer tous les examens fédéraux. Bien sûr, une fois ces examens passés le cavalier peut enfin monter comme il l'entend, mais il lui faudra alors revenir en arrière sur des habitudes déjà acquises. Quel handicap !

Par ailleurs les enseignants n'ont absolument pas la possibilité de faire évoluer leur pédagogie, d'apporter par eux-mêmes le fruit de leur expérience, de donner une formation personnalisée, sous peine de voir leurs élèves recalés à tous les examens.

Depuis des années en France, l'école officielle ne forme pas des enseignants mais continue comme au temps de son passé militaire à former des cadres chargés uniquement de transmettre les directives du haut commandement... Pardon, de l'École nationale d'équitation.

La première réforme en France concernant l'instruction équestre serait de démilitariser l'esprit des examens. Comme dans toutes les activités similaires les candidats devraient être jugés *uniquement* sur leur aptitude à effectuer les mouvements demandés. Se préoccupe-t-on de la manière dont le candidat au baccalauréat tient son stylo, si les problèmes à lui posés sont résolus ? L'école officielle de tennis apprend à ses élèves à tenir leurs raquettes mais ce n'est qu'un conseil et non une obligation impérative faute de quoi le jeune joueur n'aurait pas le droit de s'engager dans un tournoi.

Et ensuite... ensuite il serait nécessaire, compte tenu de l'évolution des chevaux, des équitants, de la diversité des formes des équitations pratiquées, de repenser profondément et les bases mêmes de l'instruction et les formes pédagogiques à appliquer.

Il est toujours parlé de l'équitation comme si elle était UNE. Bien sûr il était admis qu'un certain nombre de réformes pouvaient changer selon les disciplines équestres pratiquées mais que les bases, elles, restaient les mêmes.

C'est là, je crois, la grande erreur initiale !

Personnellement je pense qu'il y a deux équitations extrêmement dissemblables ; celle que nous qualifierons d'« utilitaire » et l'équitation... Je cherche le mot pour la définir :

Savante ? Ce serait prétentieux, et la première mentionnée peut elle aussi être savante.

Académique ? Le terme risque de prêter à confusion avec l'équitation de dressage.

Supérieure ? Le mot a une résonance péjorative envers l'autre équitation qui peut aussi être de très grande qualité.

De rassembler ? Ce serait plus juste. Il faut toutefois bien expliquer ce que nous entendons par ce terme.

L'équitation que nous qualifions d'« utilitaire » doit répondre aux besoins de toutes les activités pour lesquelles le cheval est, ou était, essentiellement un moyen de déplacement, que ce soit pour le travail (cow-boys, gauchos, gardians), pour faire la guerre (soldats se battant à cheval), pour jouer (polo, *horse-ball...*) et aussi pour voyager, se promener.

Pour toutes ces activités, le cheval n'est qu'un instrument (sans rien de péjoratif dans ce terme évidemment). Il permet à l'homme de se déplacer et de pouvoir agir en fonction de ses objectifs.

La seconde équitation, elle, a trait au désir de faire effectuer au cheval des mouvements précis et donc pour cela d'être en mesure de régir totalement ses forces musculaires. C'est l'équitation de dressage ; c'est le saut d'obstacle ; c'est le parcours d'extérieur. Là, ce n'est plus l'homme qui agit par lui-même, c'est le cheval qui doit piaffer, sauter des obstacles, franchir des naturels posant des problèmes d'abord. Le rôle du cavalier dans cette équitation réside donc dans la nécessité, tout d'abord de savoir développer chez sa monture la musculation nécessaire, et ensuite de pouvoir contrôler les masses musculaires obtenues et de mettre le cheval dans le placé, l'engagement, les attitudes correspondantes aux efforts et aux mouvements à fournir. Il est donc nécessaire de pouvoir le « rassembler », le « comprimer » entre les jambes et les mains, « jouer » de la répartition de sa masse.

Nous retrouvons là, la source des fameuses querelles du XIXe siècle entre bauchéristes et d'auristes. Baucher, le plus grand écuyer de tous les temps comme l'a défini le général Lhotte, pensait équitation supérieure. Ce n'est pas pour rien qu'un de ses principes de base fut l'effet d'ensemble. Il pensait que ses principes remarquables sur le plan purement équestre donneraient des résultats bénéfiques s'ils étaient enseignés par l'instruction militaire. Il se trompait très certainement.

Le comte d'Aure, ennemi de Baucher, préconisait une équitation plus « en avant », moins basée sur les décontractions préalables. Et il prétendait que cette équitation plus élémentaire répondait à tous les besoins, y compris ceux d'une équitation savante. Il se trompait également.

Entre ces deux équitations il n'y a pas divergence au plan des méthodes mais bien différence fondamentale.

Pourquoi et en quoi ?

L'équitation utilitaire, elle, présente une exigence absolue et qui va elle-même en engendrer une seconde : ÊTRE PRATIQUÉE D'UNE SEULE MAIN !

Il est bien évident que puisque le but du cavalier est de « faire quelque chose » par lui-même – lancer un lasso, pousser du bâton un taurillon, se battre avec un sabre ou une carabine, taper dans une balle de polo, etc. – il lui faut bien impérativement avoir une main libre. Donc être capable de diriger, arrêter, contrôler son cheval par l'autre main, ses jambes et son assiette.

Il est gênant d'avoir à dire une pareille évidence. Or pourtant...

Si le gaucho, le cow-boy, le gardian, le joueur de polo ont compris et pratiqué leur équitation en conséquence, les anciens chefs de l'équitation militaire française ne l'ont, EUX, jamais compris.

Lorsque j'étais jeune, combien de fois ai-je entendu l'expression : « Il monte comme un cow-boy ! » C'était vraiment être totalement grotesque sur un cheval.

Incroyable !

Car enfin ces cow-boys étaient des cavaliers qui, prenant un cheval sauvage, le dressait *en quelques jours,* et ensuite pouvaient galoper au tout petit galop ou à toute allure, s'arrêter net, faire demi-tour sur place... repartir, virevolter avec une facilité, une aisance extraordinaire ; et tout cela bien entendu... d'une main ! Exactement l'idéal pour une équitation militaire. J'ai commencé à réaliser cette évidence un soir au CSIO de Washington. Un des derniers escadrons montés des États-Unis effectuait une présentation de figures de groupes classiques. Je fus étonné de voir que tous les cavaliers n'utilisaient pas leur bras droit qui pendait souplement le long du corps. J'en fis la remarque à un ami américain en lui demandant la raison de cette attitude. Avec un certain étonnement, il me répondit : « Mais... des militaires doivent pouvoir se battre. Donc ils apprennent à toujours monter en tenant leurs rênes d'une seule main... »

En bon petit Français je restai bouche bée devant une pareille évidence. Je revis mon peloton d'EAR de 1940... nous étions emberlificotés avec nos quatre rênes. En un éclair je compris que si d'aventure il avait encore existé à l'époque un escadron de ulhans et que si d'aventure encore ses cavaliers s'étaient trouvés dans nos parages, nous n'aurions pu que les croiser en leur disant : « Excusez-nous mais... impossible de nous occuper de vous... Nous avons assez à faire avec la conduite de nos chevaux... »

En songeant à ce passé, il est difficile de ne pas être scandalisé. Car enfin il s'agissait de la Défense nationale ! Il est entendu que durant la seconde partie du XIXe siècle et le début du XXe l'information ne circulait pas comme maintenant. Mais tout de même ! Il y a bien dû y avoir un moment où on a appris chez nous que des gens appelés cow-boys dressaient en quelques jours leurs montures et les maniaient avec une dextérité incroyable. A-t-on envoyé une commission sur place pour étudier les méthodes de ces cavaliers du Nouveau Monde ? Ou a-t-on décidé d'en engager quelques-uns afin de voir si leurs méthodes de dressage réussissaient avec nos propres chevaux ?

Que non pas ! La cavalerie avec superbe continua de faire faire du tapecul, d'emboucher les chevaux avec des brides à quatre rênes... et de parler avec un mépris hautain des cow-boys !

Que l'on me permette de citer un des plus célèbres écuyers de la fin du siècle passé, le fameux capitaine Raabe :

« Que dire du cheval de la cavalerie française ! Roide d'encolure, la tête levée, les yeux en l'air, le nez au vent, il est constamment en opposition de force avec la main du cavalier ; ainsi pour le mouvement le plus simple, le voit-on, la bouche contractée, les lèvres hautes, les yeux effarés, la physionomie craintive, indice de la gêne et de la souffrance. Tels sont les résultats de l'équitation de la cavalerie ; c'est ainsi qu'est instruit le cavalier ! »

Il n'est pas question bien sûr aujourd'hui de faire le procès de l'École de cavalerie d'il y a cent ans ; mais il est nécessaire d'être lucide en ce qui concerne les graves insuffisances d'une tradition que l'on nous demande de suivre les yeux fermés en raison d'une supposée grande qualité passée.

Mais continuons.

Puisque l'équitation que nous avons définie par le mot « utilitaire » doit impérativement se pratiquer d'une main, cette obligation en entraîne fatalement une autre :

Avoir toujours des rênes flottantes et n'agir avec elles que par des actions brèves.

Pourquoi ? Car toute tension, et encore plus traction, sur la bouche d'un cheval a pour effet en vertu du principe action-réaction de provoquer une contraction de l'encolure, et par voie de conséquence de tout le rein.

Il n'est pas possible normalement d'avoir un appui, une tension même légère avec la bouche d'un cheval si le cavalier n'agit *dans le même temps,* par ses doigts et ses poignets, de façon décontractive. Il est absolument nécessaire par ce travail permanent des mains d'entretenir la souplesse du cheval afin qu'il obéisse sans jamais se contracter, donc sans opposer de résistance. Alors, le ramener, le rassembler sont possibles ; alors les bases nécessaires des équitations de haut niveau sont en place.

Seulement cette équitation fondée sur le tact, la douceur, la finesse, la sensibilité des aides supérieures ne peut normalement être que le fait d'un cavalier utilisant ses deux mains [1].

Et voilà la fondamentale différence dans la pratique équestre entre les activités utilitaires et celles ayant l'obligation de pouvoir rassembler le cheval. Pour les premières qui se pratiquent d'une main, le cheval doit obligatoirement se contrôler, se diriger, s'arrêter par des actions brèves et tout le reste du temps, se mouvoir naturellement, rênes flottantes comme le ferait un cheval en liberté. Pour les secondes qui rassemblent, elles doivent évidemment être pratiquées à deux mains afin d'être en mesure d'entretenir en permanence la décontraction du cheval.

Telles sont les lois absolues régissant l'équitation. L'instruction équestre doit donc être pensée, analysée, enseignée en fonction de ces lois.

---

1. Il est toutefois des cavaliers, tels les toreros à cheval qui parviennent à une maîtrise leur permettant d'obtenir des « airs » de haute école, en tenant leur rêne d'une seule main, mais cela exige une main d'une extrême finesse et ne peut être le fait que de quelques individualités.

Quelle que soit la forme d'équitation que le débutant a l'intention de pratiquer par la suite, sa mise en selle doit s'effectuer selon les principes de l'équitation utilitaire. C'est-à-dire : RÊNES FLOTTANTES.

Réalise-t-on la colossale faute pédagogique, le non-sens psychologique qu'il y a à mettre un débutant sur un cheval et à lui faire « ajuster » ses rênes. ... et sur une main bien fermée par surcroît !

Voilà un être qui est tout naturellement inquiet de se trouver percher sur un animal qu'il ne peut encore contrôler ; la crainte de base est évidemment celle de tomber. Or si un être tient dans la main une chose offrant une résistance et que cet être pour une raison quelconque perd l'équilibre, instinctivement il cherchera à se raccrocher par ses mains. C'est naturel, obligatoire, fatal ! Ainsi pour la mise en selle des débutants il est mis à leur disposition comme moyen de raccrochage... la bouche du cheval !

Évidemment on ne saurait s'étonner si la bouche des malheureux chevaux ainsi traités offre ensuite une souplesse s'apparentant à celle d'une solide barre de fer. Mais il y a encore bien plus grave ; l'élève prend ainsi l'habitude de tirailler sur la bouche de son cheval puisque instinctivement il se sert comme moyen de tenue de ses étriers et... de ses rênes. Les rênes seules, même quand il lui est demandé du trot sans étriers. Bien entendu au fur et à mesure de ses progrès, il se raccrochera de moins en moins à ses rênes mais de ses débuts il aura *acquis un non-respect de la bouche du cheval.* Tirer dessus lui semble normal et appartenant aux lois régissant la pratique équestre. La chose est très grave car il lui sera beaucoup plus difficile par la suite d'acquérir une « bonne main ».

Au contraire, dès le début de l'instruction il faut expliquer, répéter à l'élève, que la bouche du cheval est chose éminemment fragile, qu'il faut agir sur elle avec une extrême douceur. Mais bien entendu faudra-t-il d'abord que ce jeune cavalier commence à avoir la fixité des mains. Et la chose ne pourra se réaliser que lorsqu'il aura acquis la solidité à cheval et même une certaine aisance.

Alors, mais alors seulement, il sera possible de lui parler de l'action des aides supérieures, de la façon de tenir ses rênes, de la manière de travailler la bouche d'un cheval... c'est-à-dire lui ouvrir la porte d'une équitation de rassembler.

Mais impérativement, la mise en selle ayant pour objectif de donner solidité et aisance doit s'effectuer rênes flottantes pour éviter que l'élève prenne de fâcheuses habitudes, et aussi... cela compte... par respect pour le cheval.

AVANT-PROPOS

Le présent ouvrage donne dans un ordre chronologique des séries d'exercices, ayant chacun un objectif précis, s'insérant dans le cadre de la formation d'un élève. En cela il apporte des formes pédagogiques nouvelles.

Une méthode d'instruction doit être en perpétuel mouvement, se remettre sans cesse en question, se perfectionner, évoluer dans ses formes chaque fois que de nouveaux exercices ou une pédagogie différente donnent de meilleurs résultats.

Cette conception n'a rien que de très banale ; elle est appliquée dans tous les sports, dans tous les arts. Prenons, par exemple, cette sœur aînée de l'équitation - car ses origines sont plus anciennes - qui s'appelle la voile. Si ses traditions demeurent, sa technique évolue régulièrement. Toute innovation, toute recherche, toute nouveauté, est considérée avec curiosité et intérêt. Si, à l'usage, une idée nouvelle présente plus d'inconvénients que d'avantages, elle sera abandonnée ; si le contraire se produit, elle sera adoptée, mais *personne* dans le monde nautique ne tentera d'empêcher toute évolution en brandissant des foudres fédérales pour la défense du « classicisme de la voile » !

Le « classicisme » est une définition ; en aucun cas, il ne peut être une doctrine. Un seul critère est valable : la qualité ! Si un mouvement, un principe, un acte est bon, efficace, il doit impérativement être adopté... et deviendra peu à peu « classique ». Mais on ne peut bloquer l'expression de l'art équestre sous le seul prétexte de se limiter impérativement et uniquement à ce que faisaient nos anciens. Le principe est d'autant plus ridicule que les objectifs de l'équitation moderne sont très différents de ceux d'autrefois.

C'est une erreur complète que de voir dans la pratique de l'équitation, à l'intérieur d'un manège, la base de la formation équestre. Le général Decarpentry a bien affirmé que même la base indispensable à un cheval destiné à la haute équitation académique était d'abord d'être un bon cheval d'extérieur, faute de quoi « il lui manquera toujours quelque chose ».

Le colonel Jousseaume affirme qu'il en est exactement de même pour un cavalier formé dans un manège ; il lui manquera toujours ce quelque chose qui est l'essentiel.

Ce quelque chose pour le cavalier est d'être solide à cheval, souple, aussi à l'aise dans le fond de sa selle qu'en équilibre sur ses étriers ; d'avoir le goût de laisser son cheval s'en aller généreusement à toutes les allures, rênes longues ; de pouvoir être maître de sa monture à tous moments, dans toutes les actions.

Ce quelque chose pour le cheval est d'être gai, confiant, actif sous l'homme ; de répondre immédiatement à toutes indications des aides ; de porter son cavalier sans cesser de conserver son équilibre naturel.

Voilà les bases équestres de l'un et de l'autre.

La bonne équitation élémentaire est chose simple, facile, à condition d'être apprise logiquement, clairement. L'équitation de haut niveau elle-même demeure simple dans sa conception ; c'est l'exécution qui est difficile puisqu'elle exige du sentiment. Encore qu'une instruction cherchant vraiment à développer les qualités innées de chaque élève l'aide, par des exercices appropriés, à découvrir ce bien suprême : le tact équestre.

Aisance

Un cavalier, pour avoir la complète et constante indépendance de ses aides, surtout des aides supérieures, doit acquérir l'aisance, source de facilité, de souplesse et par surcroît d'élégance.

Cet acquis n'est pas souhaitable, il est *indispensable.* C'est la base nécessaire de tout progrès profond, de toute possibilité d'exprimer du talent. Le respect des principes fait qu'en équitation notre peuple de légistes s'enferme souvent dans des attitudes définies par le règlement. Un jeune cavalier est très vite transformé en un mannequin tournant dans un manège, l'œil en coin sur la glace, pour s'assurer à chaque passage de l'excellence de son attitude, de son placer, en un mot de sa position telle qu'elle est définie en page X du manuel fédéral et, là est le plus grave, telle qu'elle lui sera demandée lors de tout examen officiel.

L'aisance s'acquiert par un certain nombre d'exercices. L'imagination peut d'ailleurs se donner libre cours en ce domaine, d'autant que chaque cas est particulier. Les contractions, les raideurs sont différentes selon les individus ; elles peuvent se situer dans les jambes, dans les reins, dans les épaules, la nuque... C'est l'instructeur à pied qui est le mieux placé pour voir, analyser les points de contraction et donc choisir les mouvements les plus aptes à rendre à l'élève sa souplesse.

En dehors des exercices tendant à donner l'aisance, il est une chose d'abord à rappeler, à répéter à tous les jeunes cavaliers : *on monte à cheval pour s'amuser !*

L'équitation doit être une source de joies, de plaisirs, une sorte d'ivresse bienheureuse. Le cheval, c'est galoper dans une campagne baignée de soleil, c'est la griserie de se laisser emporter par sa monture dans un air frais qui fouette le visage.

« Fais boire ton cheval au ruisseau et repars au galop », dit un proverbe, tandis qu'un autre nous souffle : « Tout le bonheur du monde est sur le dos d'un cheval. »

Voilà ce qu'il faut d'abord répéter à ceux qui viennent à l'équitation. Monter à cheval doit se faire dans un grand éclat de rire de bonheur. C'est cette disposition morale qui favorise, engendre tout naturellement la décontraction et l'aisance, alors que la gravité, le souci des apparences, des règles, forment des équitants et non des cavaliers.

Souplesse

L'aisance ne pourra s'acquérir que si le cavalier est souple et se sent solide sur son cheval. Voyons d'abord quelles formes pédagogiques donneront les meilleurs résultats pour apprendre à l'élève à rester souple.

Actuellement un certain nombre d'exercices sont toujours religieusement recommencés. Élévations des cuisses, rotations du tronc, etc., ceci au nom de la tradition et sans que l'on se soucie le moins du monde de savoir s'ils sont véritablement efficaces. Ces exercices datent du XIXe siècle. Seulement, depuis cette époque, de grands progrès ont été accomplis dans tous les sports concernant l'étude et la compréhension des problèmes touchant à la décontraction musculaire.

On peut, à cheval, effectuer durant des années des mouvements rotatifs du tronc et des bras, et ce, toujours avec la même raideur. Les connaissances modernes nous ont révélé que la *souplesse* ne pouvait exister sans la *décontraction musculaire ;* or, l'origine de celle-ci est d'ordre purement psychique. C'est la *relaxation* qui engendre la décontraction musculaire. Le problème doit donc être vu à l'envers : il faut s'attaquer aux causes et non aux simples effets.

Si un élève « oublie » qu'il est à cheval, immédiatement ses muscles commencent à se décontracter. Il n'est pour s'en convaincre que de voir des jeunes cavaliers participer à un jeu quelconque (*horse-ball*, par exemple).

L'ordre chronologique à ne pas oublier est donc toujours :

La relaxation provoque
la décontraction qui engendre
la souplesse permettant d'atteindre *l'aisance*.

Lorsqu'un élève présente des raideurs, des contractions, il faut s'efforcer essentiellement de détourner son attention, de le distraire. Chacun peut inventer ses propres procédés. Citons au hasard : rênes sur l'encolure et se curer les ongles d'une main..., regarder un avion qui passe..., faire un pied de nez à son moniteur..., se peigner..., renouer sa cravate... tout ce que l'on veut à condition que l'élève s'amuse, rit, bavarde, oubliant qu'il est sur un cheval.

Les exercices qui vont suivre peuvent être mis en pratique après cinq à six heures d'équitation.

Pour nous, ces premières heures doivent être ce qu'en aviation on appelle « l'accoutumance à l'air ». Lors des tout débuts d'un élève, il ne faut absolument pas lui parler « position » ou vouloir commencer à lui apprendre les lois premières de l'équitation. Qu'il s'installe comme il veut sur son cheval ; lui régler les étrivières *pas trop longues* afin qu'en s'appuyant sur les étriers, il prenne rapidement confiance ; le faire se déplacer en fonction de la sagesse du cheval d'instruction, en bavardant, en riant. Qu'il caresse franchement son cheval (de bonnes claques de la main) sur l'encolure, sur les flancs, le contact avec l'animal étant important pour cette mise en confiance des tout débuts.

L'idéal, si l'instructeur en a le temps et les moyens, est d'emmener l'élève se promener en extérieur sur un cheval très calme, tenu en longe par le moniteur ou un cavalier confirmé. Rien ne donnera plus confiance à un débutant que la sensation grisante pour lui d'aller dans la nature sur son cheval.

Le seul but durant les premières séances est donc de donner à l'élève *l'accoutumance* du cheval, le laissant maître de ses premières impressions ; s'efforçant de détruire ou de diminuer le sentiment initial de peur qu'éprouve tout homme montant pour la première fois sur le dos d'un cheval ; lui faisant sentir le monde merveilleux s'ouvrant devant lui, mais qui exige de pouvoir imposer sa volonté à cet *ami* qu'est le cheval.

Solidité

Parler de la solidité à cheval, deuxième base nécessaire pour acquérir l'aisance, c'est parler des moyens de tenue. Or nous touchons au fondamental problème de base de notre équitation.

Certes, depuis 1975, de grands changements se sont produits en France. On ne voit plus les cavaliers juchés sur les énormes selles (dites Danloux) ayant un troussequin tellement relevé que le cavalier était projeté vers le pommeau. On ne voit plus ces jambes complètement en arrière, la pointe du pied vers le bas par la force des choses, et les genoux ouverts montant et descendant à toutes les allures.

Je crois pouvoir sans prétention dire que j'ai été pour beaucoup dans cette évolution tellement les évidences que j'ai affirmées ont été ressenties partout et même au niveau de l'écuyer en chef de Saumur de l'époque. Mais en raison d'un orgueil mal placé, par refus d'admettre qu'il y avait eu une grave erreur commise concernant la mise en selle depuis la fameuse et catastrophique réforme du colonel Danloux en 1931, *officiellement*, rien n'a changé et les manuels fédéraux continuent à proférer les mêmes énormités. Mais dans la pratique, les juges lors des examens « ferment les yeux » sur des positions qui auraient été violemment proscrites quinze ans plus tôt. Mais... pas *tous les juges !* Et l'on ne saurait en vouloir à ces derniers car ils appliquent en toute bonne foi le règlement.

Il serait grand temps que faisant fi des susceptibilités dépassées nous revenions officiellement à l'instruction d'avant Danloux, qui, elle, donnait très rapidement solidité et indépendance des aides.

Enfonçons donc le clou en espérant être entendu un jour des instances dirigeantes. Voici un passage du chapitre « La position à cheval » lors de la première édition de *La Méthode française d'instruction...*

Le plus célèbre des écuyers en chef, fondateur de l'École française, le général Lhotte. Alors ? Aujourd'hui il se verrait refuser sans doute son deuxième degré ! La voilà la position traditionnelle de l'équitation française. Le cavalier assis dans sa selle, son cheval devant lui, la jambe tombant naturellement, bien appuyée sur les étriers, sans contact avec les flancs du cheval. Si le Cadre noir actuel estime cette position mauvaise, c'est son droit, mais alors qu'il condamne officiellement Lhotte, Decarpentry, Watel, d'Aure, Bellegarde, de Canisy, de Piolant... Tous les écuyers en chef jusqu'à 1932.

LA POSITION À CHEVAL

Il est un peu triste d'avoir, bien plus de deux mille ans après le traité de Xénophon, à parler de la position à cheval. Il semble que, depuis le temps, on aurait dû trouver et se mettre d'accord. Mais... *c'était* trouvé ! Il y a belle lurette, c'est-à-dire des siècles, qu'on ne discutait plus de la position du cavalier, tout le monde étant d'accord sur celle offrant le maximum d'efficacité.

Mais un jour...

Parle-t-on seulement de la fixité du genou et de la nécessité de le serrer *quand besoin est* pour assurer la tenue... ? De très bonne foi, beaucoup des jeunes enseignants ouvrent de grands yeux incrédules, comme si on leur disait une énormité, une chose invraisemblable !

Parle-t-on de la nécessité d'avoir un bas de jambe indépendant et *non au contact* des flancs du cheval quand le cavalier n'a aucune demande impulsive à formuler ? Toujours avec la même et touchante bonne foi, ces jeunes enseignants restent interloqués, ne comprenant pas très bien comment la chose est vraiment possible !

Bien sûr ! Bien sûr, puisque depuis qu'ils montent à cheval, *on* leur a appris, et ils ont dû apprendre par cœur – faute de quoi on ne leur aurait pas délivré leurs examens – un tissu d'erreurs.

Entre autres, ces clichés aberrants :

● *Si le cavalier serre son genou, il se contracte...*

Tiens donc ! Quand le cheval fait un écart, il faut bien serrer quelque chose. Pour quelle raison la fixité du genou contracterait, mais pas celle des mollets, si c'est eux qui assurent la tenue... ?

● *Si le cavalier serre son genou, il pivote autour...*

... Où ?... Quand ?... Comment ?... Pourquoi ?... Qu'est-ce que c'est que cette affirmation absolument infantile ? Pourquoi est-ce qu'un cavalier ayant la cuisse fixe, pivoterait autour du genou... ?

● *Si la jambe n'est pas en permanence au contact, son action « surprend » le cheval, qui se jette en avant...*

Quelle énormité ! Frémissez mânes de tous les grands écuyers, de La Guérinière à Decarpentry. Vous étiez tous incompétents, ignorant l'art et la manière d'utiliser les aides inférieures.

Qu'apprenait-on, avant la réforme Danloux, à un jeune cavalier pour le mettre en selle ?

Les deux principes clés étaient :

- *La séparation du moyen de tenue de l'action des aides.* C'est-à-dire : la tenue donnée par l'adhérence des cuisses et des genoux, le bas de jambe restant indépendant et libre.
- *La légèreté aux jambes.* C'est-à-dire des chevaux se portant en avant au « souffle de la botte » dans le sens le plus littéral du terme ; avec donc des jambes *non au contact* pour obtenir l'action impulsive justement au moindre contact.

Voilà, jeunes enseignants et jeunes cavaliers de France, les deux principes clés de l'équitation française de toujours. Vous en doutez ? Alors lisez. Écoutez ces grandes voix du passé...

« Voyez en outre ces genouils serrez de toute sa force que Votre Majesté retienne s'il luy plaît, que nous n'avons point d'autre tenue n'y n'en devons espérer que celle-là. » A. De Pluvinel.

« Un cavalier doit avoir deux parties mobiles et une immobile. Les premières sont le corps jusqu'au défaut de la ceinture, et les jambes depuis les genoux jusqu'aux pieds ; l'autre est depuis la ceinture jusqu'aux genoux. » Duc de Newcastle.

« Leur vraie position (les jambes) est d'être droites et libres du genou en bas, près du cheval, sans le toucher, les cuisses et les jarrets tournés en dedans afin que le plat de la cuisse soit pour ainsi dire collé le long des quartiers de la selle. » La Guérinière.

« L'instructeur prendra un morceau de cuir de 5 millimètres d'épaisseur et long de 50 centimètres ; il placera l'une des extrémités de ce cuir entre le genou et le quartier de la selle. L'élève fera usage de la force de ses genoux pour ne pas le laisser glisser, tandis que l'instructeur le tirera lentement et progressivement de son côté. Ce procédé servira de dynamomètre pour juger des progrès de la force. » Baucher.

« La tenue existe dans deux forces, celle de l'équilibre et celle de l'appui des cuisses et des genoux. (...) C'est la souplesse jointe à la fixité des cuisses et des genoux qui constitue la tenue. » Comte d'Aure.

« Quand on approche les deux mollets, si leur simple contact ne donne pas immédiatement ou ne rétablit sur-le-champ l'action désirée, on fait toucher aussitôt les deux éperons à la fois sans opposition de main. (...) Par ce moyen on arrive à donner à l'animal une grande finesse aux jambes, à le rendre "léger aux jambes" et bientôt le simple contact du pantalon ou de la botte suffit pour obtenir ou augmenter l'impulsion. » Général Faverot de Kerbrech.

« L'assiette en selle est donnée par le genou, par les muscles de la cuisse, et spécialement par ceux qui sont mis en action en fixant les genoux et en poussant les talons vers le bas. » Caprilli.

« Le simple contact de la botte ou du pantalon doit suffire pour produire ou augmenter le mouvement ou pour déplacer les hanches. » BEUDANT.

« L'action impulsive des jambes doit toujours s'exercer sous forme de contacts brefs *avec le corps du cheval. Toute prolongation de ce contact, tout appui des jambes, avec ou sans augmentation de leur pression, est défavorable à la production ou à l'augmentation de l'impulsion. »* GÉNÉRAL DECARPENTRY.

Voilà ! C'est net, absolu, indiscutable.

Tous unanimement répètent : cuisses et genoux fixes, jambes non-au-contact ! Il n'y a pas, il n'y a jamais eu une « position d'Orgeix », une « monte d'Orgeix », il y a simplement et seulement une « position française », une « monte française » de toujours, de toutes les grandes époques de notre histoire équestre [1].

En 1977, dans le contexte de polémique déchaînée de l'époque ; quand les officiels parlaient avec fureur de la « monte d'Orgeix », hérétique face au « classicisme », dont ils se prétendaient les représentants et les défenseurs, le chapitre donnant ces citations de tous les grands maîtres, ainsi que la photographie du général Lhotte furent un énorme pavé dans la mare.

Textes en main, citations et l'image du général Lhotte lui-même en démonstration, je prouvais que depuis Pluvinel, La Guérinière, jusqu'au général Decarpentry, TOUS les grands classiques avaient prôné, enseigné les deux principes clés de ce que l'on prétendait avec une condescendance méprisante être « la monte d'Orgeix ».

Je pensais que directement, ou par pamphlétaires officieux, il serait répondu à ce chapitre. Or pas la moindre petite esquisse de réponse n'a été donnée ; aucune tentative de justification n'a été seulement tentée, RIEN... Rien qu'un silence total. C'est dire si toute réfutation était absolument impossible.

Puisqu'il ne s'agit donc pas d'une « position d'Orgeix » mais bel et bien de celle pratiquée, prônée, enseignée par tous les classiques ayant illustré et fait l'équitation française, je pense qu'il n'y aurait aucun déshonneur pour l'École nationale française de fermer officiellement la parenthèse Danloux et de revenir à nos sources ancestrales.

■ Solidité

Dans l'ordre chronologique donc, avec la souplesse, le second objectif à atteindre est de donner à l'élève une solidité à cheval. Elle lui permettra d'encaisser sans difficulté tous les mouvements, même ceux imprévisibles, de sa monture, sans que cela soit plus tard au détriment de la fixité et de l'indépendance de ses aides.

1. *« Il convient de laisser tomber la jambe librement à partir du genou », signé... Xénophon ! Même l'Antiquité... !*

La solidité exige un « moyen de tenue ». Certes, la souplesse et le liant donnent l'assiette, mais cette dernière, aussi bonne soit-elle, ne saurait permettre au cavalier de résister à un mouvement brusque et imprévu.

Outre donc la souplesse permettant de se lier aux mouvements du cheval, la solidité ne peut provenir que par l'adhérence de la jambe. Cette dernière est composée de deux parties distinctes : la partie supérieure formée par la cuisse et le genou ; la partie inférieure c'est-à-dire le bas de jambe et les talons.

Puisque ce bas de jambe va nous servir à communiquer nos ordres à notre cheval il ne saurait servir à assurer la tenue du cavalier, car le cheval, ne pouvant comprendre à quels moments la pression sur son flanc est un ordre impulsif ou ne correspond qu'à une action de retenue en selle, très vite ne prêterait plus aucune attention aux actions des jambes. Le cavalier pour se faire comprendre deviendrait alors obligé de recourir aux éperons, avec tous les désavantages qu'ils impliquent.

Le « moyen de tenue » lui, devra donc être assuré par l'adhérence de la cuisse et du genou, qu'il est impossible de dissocier l'un de l'autre, le genou n'étant que l'extrémité de la cuisse.

Il importe donc d'habituer immédiatement l'élève à avoir la cuisse à plat, adhérente à la selle, parfaitement fixe. Le genou est bien entendu également adhérent et fixe. En cas de besoin (mouvement du cheval nécessitant pour le cavalier l'utilisation de son moyen de tenue) c'est l'augmentation de cette adhérence qui assure la solidité.

La jambe doit tomber naturellement, complètement décontractée, toujours libre pour communiquer les demandes impulsives. Il est bien à noter que si la jambe tombe naturellement décontractée, les mollets ne sont pas au contact des flancs du cheval. Ainsi, quand ils agiront leurs actions seront immédiatement perçues, les ordres seront clairs, précis, pouvant être parfaitement dosés.

Quand l'étrier est chaussé, le cavalier doit avoir en permanence (geste réflexe à acquérir) son poids dans ses talons. Ainsi la cheville étant bloquée, la jambe est totalement fixe et ne peut reculer. Très important aussi : l'appui sur l'étrier doit se prendre sur *le gros orteil* – cet appui a tendance à écarter légèrement la jambe et grâce à cet angle, toute poussée sur l'étrier a pour effet de « plaquer » le genou et la cuisse. Si le cavalier appuie avec le pied à plat, ou pire, sur l'extérieur du pied, cuisses et genoux ont mécaniquement tendance à s'ouvrir.

Il y a deux attitudes différentes dans la manière de se tenir sur un cheval :
la première : *assise,*
la seconde : *en équilibre.*

Pour avoir en permanence la totale indépendance de ses aides, il faudra que le cavalier passe de l'une à l'autre en fonction des moments et selon les besoins.

● Tout l'équilibre, tous les mouvements d'un cavalier sur son cheval relèvent de lois mécaniques. Ils peuvent et *doivent* être analysés selon celles-ci. Les explications seront données comme il est loisible de le faire pour un mécanisme d'horlogerie ou le montage d'un carburateur.

La mécanique est une science exacte. Donc dans une pédagogie cherchant à être scientifiquement sérieuse, doivent être bannis tous les termes flous, vagues, prêtant à confusion et à interprétation.

L'équitation est un art au stade de l'exécution puisque le cavalier n'a pas devant lui un tableau de bord lui indiquant en permanence les conditions physiques et psychiques dans lesquelles se trouve son cheval, et qu'il ne peut être guidé alors que par son sentiment et agir par son tact. Mais toutes ses actions, comme d'ailleurs les mouvements d'un cheval aux allures, relèvent de lois mécaniques et doivent donc s'analyser comme telles.

● L'attitude la plus souhaitable pour un cavalier est d'être assis dans la selle.

Ainsi il a son cheval devant lui, la possibilité d'utiliser son assiette en aide complémentaire, la faculté par son contact avec le dos du cheval de mieux sentir ce qui se passe sous lui.

On peut en conclure que le cavalier a intérêt à rester ou à revenir à l'attitude assise chaque fois que des raisons d'*ordre mécanique* ne

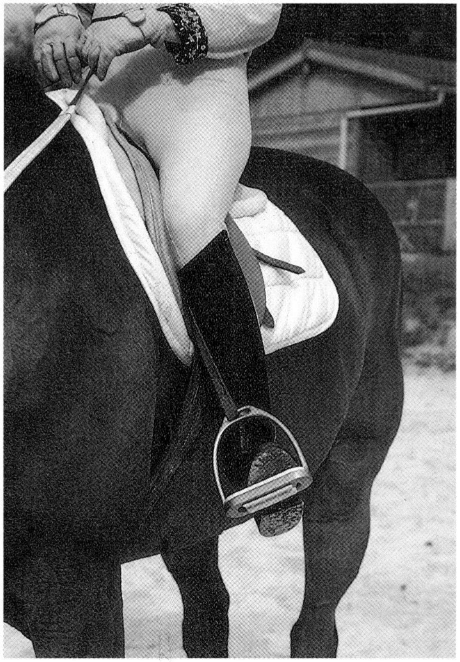

1. – Le cavalier appuie sur son gros orteil. La cuisse et le genou sont naturellement plaqués et adhérents.
2. – Le cavalier appuie son pied à plat. Le genou a tendance à s'ouvrir et donc l'adhérence de la cuisse à diminuer.

l'obligent pas à adopter une autre attitude.

● Il *doit* se mettre en équilibre pour prendre un point d'appui totalement fixe : soit quand il allonge l'allure au galop, soit si le cheval oppose la moindre résistance.

Étudions d'abord le premier cas. Bien entendu, un cavalier peut rester assis sur un allongement s'il laisse son cheval galoper rênes longues. Mais s'il a besoin d'agir par ses aides supérieures et qu'il reste assis dans sa selle au galop allongé, il perd la fixité de ses mains. Pour bien nous faire « mécaniquement » comprendre par des cavaliers estimant qu'ils conservent leur fixité de main sur un allongement, nous leur suggérons une simple expérience : prendre une aiguille dans une main, un fil dans l'autre, et au galop allongé en restant assis engager le fil dans le chas de l'aiguille... Nous demandons à voir !

> ***L'équitation est faite d'une foule de petits détails qui doivent tous être respectés.***
>
> ***L'art équestre commence par la perfection des choses simples.***
> ***N. Olivera***

Alors que la chose est *parfaitement et aisément* réalisable si le cavalier est en équilibre.

C'est cela que nous appelons la fixité. Elle ne souffre pas d'à-peu-près.

Second cas : s'il y a une certaine résistance du cheval, le cavalier va devoir effectuer une ou des oppositions. S'il y a résistance, il y a tension des rênes. S'il y a tension, il y a force, et force égale d'un côté sur la bouche du cheval, de l'autre sur les épaules du cavalier tracté vers l'avant.

Pour que le cavalier puisse doser parfaitement ses actions, il doit impérativement être d'une solidité et d'une fixité totales, donc il lui faut avoir à sa disposition un appui susceptible d'annuler cette traction en avant (plus ou moins forte selon les cas), faute de quoi ses actions perdraient leur précision. Il est d'ailleurs curieux de constater que jamais dans la pédagogie équestre cette nécessité d'un point d'appui n'est expliquée. Or elle est d'une évidence mécanique.

Vous avez à pousser ou à tirer, le problème est le même, une masse inerte. Puisque nous sommes cavaliers, prenons pour réaliser cet exemple l'oreille-chandelier d'un obstacle, mais d'un poids assez important. Si l'objet est trop léger l'expérience n'est pas valable. Mettez-vous donc à côté de ce gros chandelier et, *sans rien changer* à votre attitude debout normale, essayez de le pousser ou de le tirer. Vous verrez que le lourd chandelier lui ne bougera pas, c'est *vous,* votre corps qui sera repoussé ou attiré par votre action.

Lorsque vous voulez pousser ou attirer un objet lourd, instinctivement vous reculez ou avancez une jambe. Pourquoi ? Pour prendre un appui permettant d'effectuer et de contrôler votre action (poussée ou traction). Tout effort doit s'effectuer à partir d'un point d'appui, c'est une loi physique simple. Il est paradoxal qu'en équitation jamais cette évidence n'a été analysée. Nulle part la pédagogie officielle ne dit : à certains moments il est nécessaire de prendre un appui, donc voici *celui* dont vous allez vous servir.

Faute d'avoir analysé cette évidence, il est donné des directives telles que :

« Mettre le poids au bout des rênes... reculer le buste pour reprendre le cheval... avoir la main lourde, etc. »

Ces termes volontairement flous et vagues ne masquent pas l'effroyable conseil : « Pendez-vous aux rênes, c'est une nécessité. »

Le seul point d'appui véritablement fixe à la disposition du cavalier est l'étrier, mais dans l'impérative mesure où son propre centre de gravité est dans la verticalité des étrivières. En effet l'étrier renvoie une poussée égale et contraire à l'appui pris sur lui *automatiquement dans l'axe de l'étrivière.* Si le centre de gravité du cavalier est derrière ou devant cet axe, l'étrivière s'inclinera en avant ou en arrière. La poussée égale et contraire aura donc pour effet de projeter le cavalier en arrière ou en avant.

Le cavalier ne peut prendre

Cavalier en équilibre sur ses étriers :
1. - Position assise.
2. - Avancée du buste (donc report du poids en avant) afin de mettre le centre de gravité du cavalier dans la verticalité des étrivières.

3. - 4. - 5. - Le cavalier se redresse jusqu'à la position debout. L'articulation des genoux et celle des hanches jouant de façon synchrone, le poids de l'assiette correspond exactement à celui du buste et le centre de gravité reste toujours juste dans la verticalité des étrivières. Le cavalier reste ainsi souplement en équilibre avec toute l'indépendance de ses aides.

appui sur les étriers QUE si l'étrivière est et demeure verticale, donc que son centre de gravité est situé exactement dans l'axe vertical de l'étrivière. La poussée égale et contraire à l'appui pris, sera alors verticale ne perturbant ainsi aucunement l'équilibre du cavalier.

La prise de ce point d'appui que nous appelons « mise en équilibre » s'effectue par une simple avancée du buste ayant pour effet de changer le centre de gravité qui, lorsque le cavalier est assis, se situe évidemment derrière la verticalité des étrivières.

Ce mouvement d'avancée du buste n'est pas exactement le même pour tous les cavaliers, son ampleur dépendant de la morphologie de chacun.

Il varie également en fonction de la longueur des étrivières. Plus le cavalier chausse long, plus son assiette est avancée, donc plus son centre de gravité est rapproché de l'arceau de l'étrivière. L'avancée du buste ayant pour effet de mettre ce centre de gravité dans la verticalité des étrivières sera alors nécessairement moins importante que si le cavalier a étrivé plus court et se trouve donc assis plus en arrière de sa selle.

Grâce à ce point d'appui pris sans même avoir à sortir de sa selle, le cavalier peut opposer à d'éventuelles résistances du cheval exactement la force exigée. Il a dans la fixité la maîtrise de *doser* cette force [1]. Alors que sans ce point d'appui il est obligé d'oppo-

ser aux résistances du cheval son propre poids, c'est-à-dire, en bon français, qu'il doit se pendre aux rênes.

Insistons sur cet aspect dont nous constatons les effets nocifs à tous les échelons. A des degrés divers bien entendu, mais aussi bien chez les débutants qu'avec nombre de cavaliers internationaux. Cela allant pour les uns à de francs et affreux tiraillements sur la bouche du cheval, et pour les autres à un imparfait dosage de l'opposition se traduisant aux moments délicats - par exemple, lors de certains abords d'un obstacle - par une légère imprécision dans le contrôle de la masse musculaire.

Ces fautes sont inscrites en toutes lettres dans les manuels d'instruction officiels, comme nous l'avons déjà dit, lorsqu'il est parlé de « mettre le poids du corps au bout des rênes ».

Cette formule signifie bien que le cavalier pour s'opposer à des résistances du cheval doit se servir de son *propre poids.*

Or il s'agit là de l'action la plus effroyable que l'on puisse imaginer : une tension totalement incontrôlée et l'impossibilité de rendre à l'instant où le cheval cède.

Nous exagérons ? Absolument pas, et les lois mécaniques le démontrent. En passant sous un arbre, prenez à pleines mains une branche basse et soulevez les pieds. Vous vous retrouverez suspendu sans effectuer aucun effort. Pourtant la traction supportée par la branche correspond à la totalité de votre poids. Et vous ne pouvez en rien diminuer cette traction. La faire cesser complètement en ouvrant les doigts ? Oui, mais alors vous retombez par terre.

C'est exactement le cas d'un cavalier utilisant le poids de son corps. Sa traction est non dosée. Nous disons bien traction et non opposition car il est ainsi obligé de tirer et il ne peut non plus ouvrir les doigts sous peine de partir à la renverse.

Voilà pourquoi la nécessité de

1. *La preuve absolue de cette affirmation est facile à donner. Avec des rênes attachées à des dynamomètres, il est aisé,* en étant en équilibre, *de pouvoir* doser *la tension et de la faire varier, à un kilo près, entre deux et trente kilos* et... *de pouvoir en une fraction de seconde passer d'une très forte tension à une rêne détendue, sans le moindre changement d'équilibre, sans que la main* ne bouge.

l'appui sur les étriers grâce à l'attitude en équilibre doit être parfaitement comprise *et devenir chez le cavalier un réflexe chaque fois que le cheval oppose la moindre des résistances.*

La quantité de force dosable, contrôlable, que le cavalier pourra avoir à sa disposition dépend de la longueur des étrivières.

Nous sommes obligés de reparler de ce point car nous avons constaté combien souvent il est mal compris par manque d'analyse.

Selon les influences, les goûts, d'aucuns chaussent systématiquement court, souvent trop court, d'autres systématiquement long, souvent trop long ; mais ces cavaliers n'ajustent pas leurs longueurs d'étrivières au travail à effectuer et aux problèmes rencontrés.

Il n'y a et il ne saurait exister une bonne longueur d'étrivière. Raccourcissement et rallongement offrent tous deux avantages et inconvénients. Il importe donc de bien comprendre les conséquences d'une variation de longueur d'étrivière pour ensuite choisir celle correspondant le mieux au cheval que l'on monte et au travail à donner.

Plus le cavalier chausse long, plus sa jambe descend.

Avantages :

- une plus grande solidité latérale ;
- une meilleure efficacité du mollet agissant plus bas ;
- une meilleure assiette.

Inconvénients :

- une moins grande fixité de la jambe, aux allures allongées ;
- une diminution de la capacité de résistance donnée par l'appui et même totale absence si le cavalier chausse très long.

Résultante : l'obligation de se servir du poids du buste. Pourquoi ? Simple raison d'ordre mécanique.

Nous savons que, en ayant son centre de gravité dans la verticalité de l'étrivière, le cavalier peut prendre appui sur ses étriers.

Par ailleurs, nous savons que, si ce cavalier doit opposer une force à des résistances du cheval, la tension (et traction) au niveau des épaules s'effectuera vers l'avant.

Il faut donc que la force obtenue par l'appui *vertical* soit transformée sur le plan *horizontal*. La chose n'est possible que par la fixité du genou et l'*angle* du fémur. Imaginons un cavalier ayant la jambe totalement droite, son appui sur l'étrier ne l'empêchera pas d'être déséquilibré vers l'avant en cas de forte tension des rênes. En revanche, plus le cavalier raccourcit ses étrivières, plus l'articulation du genou se ferme, plus le fémur forme un angle important par rapport à la verticale, donc plus la force d'appui sur les étriers permet au cavalier de résister à toute traction vers l'avant.

C'est encore une fois de la simple mécanique.

Les avantages du raccourcissement de l'étrivière sont donc :

- une plus grande liberté de buste. L'avancée de celui-ci ne pouvant en aucun cas dépasser la limite fixée par la verticalité du centre de gravité, faute de quoi le

1. – Longueur d'étrivière à utiliser en principe pour le travail sur le plat.
2. – Longueur pour l'obstacle. A utiliser pour tous les exercices debout.

cavalier perdrait son équilibre en avant. Donc plus un cavalier chausse court, plus il peut, s'il le désire, pencher son buste en avant puisqu'il a la possibilité de contrebalancer cette avancée de poids par un recul correspondant de son bassin. Le cavalier chaussant long ne pouvant, lui, reculer son bassin n'a donc pas la possibilité de pencher son buste vers l'avant sans très rapidement se mettre en déséquilibre ;

● une meilleure fixité à toutes les allures de la jambe ;

● une plus grande possibilité de se servir de la force donnée par le point d'appui ;

● enfin, si le cavalier en éprouve le besoin, la possibilité en sortant de sa selle d'*élever la hauteur de ses épaules*. En cas de forte résistance du cheval, ceci est une autre nécessité d'ordre mécanique dont nous parlerons plus tard.

Et les inconvénients :

● une moins bonne solidité latérale ;

● moins d'efficacité dans l'action des jambes et de l'assiette.

Partant de ces constatations, le cavalier devra adapter sa longueur d'étrivière au travail qu'il veut effectuer, au degré d'obéissance aux jambes de son cheval, à sa légèreté ou à ses résistances aux actions des aides supérieures, au besoin ou non d'utiliser l'avancée du buste (pour le saut d'obstacles, par exemple).

Notre mise en selle va donc

devoir répondre à tous les impératifs et objectifs que nous venons d'expliquer.

1) La SOLIDITÉ ;
2) La SOUPLESSE ;
3) Le CONTRÔLE du corps en pouvant aisément passer d'une position assise à une autre en équilibre.

Pour cela, nous préconiserons beaucoup d'exercices debout sur les étriers.

L'expérience nous a appris que le travail debout donne aux élèves, en plus évidemment du sens de l'équilibre, celui de l'assiette, et beaucoup plus rapidement que le travail sans étriers. La chose peut sembler paradoxale, or pourtant elle est absolument réelle.

En 1980, nous avons réalisé une expérience publique. Six jeunes gens, trois garçons et trois filles, n'étant *jamais* montés sur un cheval ont été, après un concours RTL, envoyés au centre équestre du BARP, près de Bordeaux où je devais les mettre en selle et les présenter à la presse et au public, ce qui a été fait, trente jours plus tard.

Ces jeunes gens, il faut le dire, avaient durant ce mois monté trois heures par jour. Mais tout de même le public présent et la presse purent constater que chacun effectua individuellement un travail sur le plat comprenant : extensions d'encolure aux trois allures, flexions latérales aux trois allures, voltes parfaitement régulières de 6 mètres de diamètre aux trois allures, reculs et avancées d'un nombre de pas fixé, des serpentines au trot, des départs au galop de pied ferme, etc. Après ces présentations sur le plat ils effectuèrent des parcours d'obstacles. Une des six élèves se contenta d'un parcours d'une dizaine d'obstacles de 1,10 à 1,20 mètre. Mais les cinq autres après avoir réalisé ce même parcours sautèrent tous dans un parfait équilibre un triple dont l'entrée était facile mais dont la dernière barre de l'oxer final était tout de même à 1,50 mètre mesuré. Et l'un de ces jeunes – ce n'était pas prévu au programme et j'en fus le premier stupéfait – en franchissant cette barre d'1,50 mètre se tourna vers moi qui me trouvais à côté de l'obstacle et me fit un petit salut de la main en criant : « Salut patron ! »

Cela démontrait pour le moins une certaine décontraction et une belle aisance !

Ces jeunes avaient travaillé les dix premiers jours essentiellement debout sur leurs étriers. Vers le quinzième ou seizième jour, alors qu'ils se trouvaient au galop, j'eus soudain la curiosité de leur crier : « Déchaussez vos étriers. » Ils le firent et... pas un ne bougea ! Ils galopaient assis dans leurs selles, parfaitement fixes, alors qu'ils *lâchaient leurs étriers pour la première fois.*

Exercice n° 1

Position à l'arrêt, sans étriers, cuisse à plat, adhérente, genou fixe, bas de la jambe tombant naturellement.

Le cavalier est assis dans sa selle, le buste droit, le rein très légèrement cambré (cette habitude sera importante plus tard pour la souplesse des épaules).

Les bras doivent tomber naturellement le long du corps. Si le buste est droit, les coudes sont légèrement en arrière du buste (la souplesse des épaules en est facilitée).

Pas de contact avec la bouche du cheval. L'élève doit tenir seulement l'extrémité des rênes d'une main, l'autre bras tombant souplement, totalement relax.

Deux mouvements à effectuer ; d'abord à l'arrêt, puis au pas.

1. *Cuisses et genoux restant fixes, mouvements alternés avant-arrière de la jambe.*

But : donner l'habitude de la séparation des actions de la partie supérieure qui assure la tenue et de la partie inférieure qui reste indépendante pour servir à la communication des demandes impulsives.

2. *En faisant remonter très légèrement la cuisse, élévation du cavalier sur le seul appui des genoux.*

But : développer les muscles qui assurent l'adhérence de la cuisse et des genoux.

Exercice n° 2

Faire chausser les étriers, tiers du pied. Régler les étrivières de façon que la jambe de l'élève tombant naturellement la base de l'étrier arrive sensiblement à hauteur de la cheville ou légèrement au-dessus. C'est une erreur de faire chausser trop long. Le cavalier doit s'appuyer franchement sur ses étriers.

Exercice n° 1 : deuxième mouvement sans étrier. Élévation du corps sur l'appui des genoux.

A l'arrêt, puis au pas, rênes flottantes, mêmes mouvements alternés avant-arrière du bas de la jambe.

Toujours dans le cadre d'une recherche initiale de la solidité, de la souplesse et de l'indépendance des aides, nous allons faire effectuer des exercices visant à donner

Exercice n° 1 : premier mouvement relatif à l'indépendance du bas de jambe. Mouvements souples avant-arrière du bas de jambe pendant que cuisse et genoux restent fixes.

à l'élève une bonne assiette, le sens de l'équilibre et l'aisance pour passer de l'attitude assise à celle en équilibre.

Exercice n° 3

A l'arrêt d'abord, puis au pas.

Le cavalier est assis normalement, il penche son buste de façon à placer son centre de gravité juste dans la verticalité des étrivières (il est facile de trouver cette attitude, variable selon la morphologie de chacun : quand le cavalier appuie sur ses étriers, la poussée qui lui est renvoyée doit être verticale. Si cette poussée a tendance à le renvoyer en arrière ou en avant, c'est que le cavalier n'a pas assez ou a trop penché son buste).

Pousser sur les étriers pour sortir de la selle, doucement, jusqu'à la position debout ; y rester quelques instants puis redescendre lentement, en équilibre, jusqu'au contact avec la selle. Redresser alors le buste pour retrouver l'attitude initiale.

Exercice n° 4

Au pas, rênes flottantes, debout sur les étriers.

Insistons sur le terme « debout » ; il faut en effet que l'élève soit littéralement debout sans que l'articulation du genou ne bouge.

Pourquoi ?

Bien entendu, quand plus tard le cavalier montera en équilibre, ce sera avec une articulation du genou souple jouant au rythme des mouvements du cheval ; mais pour l'instant, nous en sommes à faire acquérir à l'élève un certain nombre de qualités. Il s'agit donc de lui faire exécuter des exercices correspondant aux objectifs fixés. C'est une conception pédagogique fondamentalement différente des habitudes actuelles en France.

Nous sommes tous d'accord, et moi sans doute plus que beaucoup d'autres, sur la nécessité de la fixité qui, seule, permet une bonne équitation mais, les premiers temps, il ne faut pas craindre un excès de mouvements. Attention de ne pas confondre « fixité » et « rigidité ». Cherchons, d'une part, avec des exercices variés, à faire acquérir à l'élève ce bien suprême nommé « l'aisance » et qui ne peut provenir que d'une très grande souplesse ; d'autre part, lorsque nous commencerons l'éducation de la main, ce sera par des actions sous tous les angles afin de faire découvrir à l'élève les possibilités et les limites de la « conversation » main-du-cavalier-bouche-du-cheval.

Par la suite, fort de son aisance, de la qualité de ses aides, le cavalier travaillera tout naturellement dans une grande sobriété : ce sera un aboutissement.

Donnons le fond, et la forme deviendra pure. S'obnubiler au départ sur la forme, l'apparence, c'est fabriquer des cavaliers aux connaissances limitées, accusés de manquer de sentiment, alors que seule une instruction rigide et pauvre en est la cause.

Quels sont les avantages de faire travailler l'élève debout sur ses étriers ?

D'abord, bien sûr, lui donner le sens de l'équilibre à cheval. La première fois qu'un homme chausse des patins ou une paire de skis, il a beaucoup de mal à ne pas tomber à chaque pas ; très vite pourtant il commencera à acquérir le sens de son équilibre en glissant sur la glace ou la neige... Il en est de même à cheval. En se tenant debout sur ses étriers, l'articulation du genou ne joue pas : l'élève devient un bloc soudé au cheval alors obligé d'accompagner, de suivre intégralement ses mouvements. Il acquiert ainsi vraiment le sens de son propre équilibre (absolument nécessaire pour l'indépendance de ses aides).

Par ailleurs, l'étrier étant chaussé au tiers du pied, la cheville est obligée de se « casser » ; sans même s'en rendre compte, l'élève prend l'habitude d'avoir le talon descendu [1].

Il faut faire attention aux points suivants :

- l'élève doit se tenir très droit, en avançant son bassin (faute de quoi il retombe en arrière) ;

1. Les manuels officiels parlent souvent du nécessaire « jeu » de l'articulation de la cheville ; erreur ne pouvant soutenir aucune analyse sérieuse d'ordre simplement et purement mécanique. La plante du pied reposant sur l'étrier, si la cheville joue c'est tout le bas de jambe, rigide de par la grâce du tibia et du péroné, qui va « monter et descendre ». – Dans ce cas, le genou « monte et descend » et comme il forme l'articulation entre ce bas de jambe et la cuisse, c'est cette dernière qui « monte et descend ». – Comment alors parler de l'adhérence et de la fixité de la cuisse ?

Exercice n° 5 : trot debout.

● les bras doivent tomber souplement le long du corps (au fur et à mesure des progrès, on peut faire effectuer ces mouvements à base de relaxation dont nous avons parlé : se regarder les ongles, etc.) ;

● quand l'élève perd l'équilibre, il ne doit pas chercher à se retenir. Il lui faut projeter ses épaules en avant pour, grâce à l'avancée de ce poids, redescendre dans sa selle sans se laisser tomber sur elle et à nouveau se remettre debout. Si les premiers jours il ne reste pas plus de quelques secondes en équilibre debout, ce n'est pas grave, très vite, à son propre étonnement, la chose lui sera facile. A ce moment d'ailleurs, il éprouvera une certaine griserie à galoper ainsi sans effort, sans appréhension. L'amusement qui en découlera est encore un facteur précieux de décontraction.

Exercice n° 5

Même exercice : debout, rênes flottantes, mais au trot.

Exercice n° 6

Toujours le même exercice, mais au galop [1].

Exercice n° 6 : galop debout.

Chaque fois que l'élève perd l'équilibre, il doit sans résister se laisser redescendre dans sa selle avant de se remettre debout. Si l'on compte les foulées jusqu'au moment de sa perte d'équilibre, l'élève s'amuse à « battre son record ». C'est un simple « truc » d'instructeur, mais que nous signalons car il suscite ce climat si précieux chez les élèves, climat à base d'amusement, de gaieté et d'intérêt.

1. *Il est fondamental que le cheval d'un jeune élève sache se déplacer au petit galop. Dans un galop allongé, l'élève se contractera et ne pourra apprendre à rester souplement collé à sa selle.*

Nous allons maintenant faire travailler l'élève au galop assis. Cela demande quelques explications.

Nous employons le mot « assis » dans le sens propre du terme. Afin de mieux comprendre la position, n'hésitons pas à nous servir de l'expression « galop cow-boy ». Qui n'a pas vu au cinéma des cow-boys s'en aller au petit galop, rênes longues ? Ils sont soudés au cheval, ne bougeant absolument pas par rapport à lui ; c'est la monture qui se meut sous le cavalier, lui se contente de se laisser bercer à son rythme.

Trop souvent on incite l'élève à « accompagner » les mouvements de son cheval, par la « souplesse du rein ». Il s'ensuit une sorte de « prostatage » ; le cavalier voulant avancer son coccyx, ouvre ses cuisses (perte de sa solidité) et arrondit son dos (blocage des épaules).

Le cavalier doit donc être assis sur sa selle, comme il l'est au pas, buste droit, épaules reculées, souples, bras tombant le long du corps et... se laisser emmener au rythme du galop en pleine décontraction. Le rein doit rester souple, sans chercher à « accompagner » les mouvements du cheval, sinon par le tout petit mouvement nécessaire.

Exercice n° 7

Petit galop, rênes flottantes, assis.

Il faudra s'attarder sur cet exercice jusqu'à l'obtention de la véritable décontraction de l'élève ; jusqu'à ce qu'il reste fixe, assis dans sa selle sans aucunement « taper dedans ». Pour cela, user de tous les procédés de relaxation psychique dont nous avons parlé.

Faire faire à l'élève de longs temps de petit galop ainsi, en le distrayant, afin qu'il « oublie » qu'il est à cheval ; dès cet instant il se décontracte, lui-même le sent et découvre la joie presque sensuelle qu'il y a à se laisser bercer, emporter par son cheval.

Exercice n° 8

Petit galop, rênes flottantes, assis sur le coccyx, appuyé sur les étriers, les pieds le plus en avant possible. Position typique du vieux veneur anglais.

C'est un exercice à faire peu et à ne pas poursuivre par la suite. Il ne s'agit pas, bien entendu, de donner à un élève l'habitude d'avoir les jambes devant les épaules du cheval.

Cependant, cette attitude a un remarquable effet décontractant. Il est particulièrement recommandé pour un élève ayant du mal à rester souple au galop de l'exercice n° 7.

Cet exercice appartient à l'ensemble des mouvements de décontraction aussi bien physique que moral, car il amuse l'élève.

Exercice n° 9

Petit galop, rênes flottantes, alterner trois foulées de galop assis, trois foulées debout, trois assis, etc. Alterner ensuite toutes les deux foulées.

Nous avons déjà dit que les deux positions de base d'un cavalier sont :

- soit d'être assis dans sa selle ;
- soit d'être en équilibre sur ses étriers.

Dans le premier cas, le poids du cavalier repose sur la selle, dans l'autre, sur ses étriers (soit pour le cheval une légère avancée de ce poids, car, lorsque le cavalier pèse sur les étriers, son poids est supporté par le cheval à la hauteur de l'arçon de l'étrivière).

Au stade de l'utilisation, plus tard, le cavalier devra pouvoir « travailler » alternativement, selon les circonstances, dans l'une ou l'autre de ces attitudes. Il est donc extrêmement important de lui donner l'habitude de passer souplement, sans heurt, d'une position à l'autre. Au passage, signalons qu'il est également important d'habituer le cheval à ces mouvements afin que la chose ne provoque chez lui aucun trouble, aucun énervement.

Au cours de ce galop en alternance, il faut veiller à ce que le cavalier se mette bien complètement *debout* durant les foulées faites en équilibre.

Exercice n° 10

Petit galop, rênes flottantes, alternance à chaque foulée.

Nous arrivons à la conclusion de cette première série d'exercices. Le cavalier fait passer, à chaque foulée de galop, son poids de la selle dans ses étriers, et *vice versa.* C'est ce que l'on peut appeler le « galop enlevé ».

Là, bien entendu, il ne se met plus « debout » pendant la foulée en équilibre comme il le faisait précédemment lors des alternances, toutes les deux ou trois foulées. Il se contente (comme au trot enlevé) de seulement s'élever légèrement audessus de sa selle. Ce qui importe essentiellement, c'est la souplesse, le rythme avec lesquels il fait passer son poids de sa selle dans les étriers, et de ceux-ci dans celle-là.

Le galop enlevé offre d'ailleurs, en équitation de saut d'obstacles, des avantages que nous ne développerons pas ici ; il n'est pour s'en convaincre que de voir dans un paddock combien souvent les *très grands* cavaliers s'en servent.

Voici terminée la première partie de l'instruction de notre élève. Si elle a été bien faite, à ce stade :

– Il a acquis, en travaillant toujours rênes flottantes, l'habitude de laisser son cheval s'en aller librement. Par la suite, ce cavalier saura « ouvrir les doigts », ce qui est le propre de la « bonne main ».

– Grâce à l'habitude d'avoir le genou qui ne bouge pas (ainsi, bien sûr, que toute la cuisse, lorsqu'il est assis), le pied s'appuyant sur l'étrier, le poids dans un talon bien descendu et l'appui sur le gros orteil, il est fixe et solide à cheval par l'adhérence de son moyen de tenue [1].

– Par son assiette (étant assis), son sens de l'équilibre (lorsqu'il est sur ses étriers), sa possibilité de passer souplement de l'un à l'autre, il a l'indépendance de son buste.

L'élève ayant acquis l'aisance à cheval, par le contrôle dans la souplesse de son corps, alors, mais alors seulement, il va pouvoir lui être appris à se servir véritablement de ses aides.

1. *La partie supérieure des jambes (cuisse-genou) donne la solidité par son adhérence et sa fixité ; ceci* lorsque le cavalier est assis dans sa selle, bien entendu. *Dès qu'il est en équilibre, articulation du genou ouverte et mobile, la cuisse* ne peut plus *être adhérente, sauf en son extrémité, le genou.*

Quand le cavalier est en équilibre, c'est donc son genou seul qui, par son adhérence, assure la tenue, le bas de jambe restant toujours souple, indépendant.

Les aides inférieures

Il est à noter qu'en équitation, de façon quasi générale, l'élève ne travaille... que sur des chevaux. Pourtant en bien d'autres activités sportives, des mouvements sont effectués, des gestes répétés, des automatismes recherchés en dehors du contexte même de l'activité préparée.

En ce qui concerne les positions sur un cheval, les passages de l'attitude assise à celle dite en équilibre ; se mettre debout en faisant jouer simultanément et de façon synchronisée les deux articulations : genoux et hanches ; revenir dans sa selle de la même manière ; durant ces mouvements garder toujours le poids dans les talons et l'appui sur le gros orteil ; tout cela pourrait se faire sur une selle posée sur un cheval de bois. L'élève n'étant pas préoccupé par son cheval ni inquiet par ses éventuelles réactions peut donc à loisir se concentrer sur les mouvements de son propre corps. Ses progrès sont bien plus rapides qu'en effectuant les mêmes exercices sur un cheval.

Lors de l'expérience du BARP, mes jeunes cavaliers débutants durent les douze premiers jours passer quotidiennement vingt minutes (dix le matin, dix le soir) à recommencer leurs exercices sur un cheval de bois. Ceci explique leur aisance.

Durant la première période de formation il est évidemment nécessaire que l'élève dirige son cheval. Mais il faut surtout qu'il laisse flotter ses rênes. Pour arrêter il faut lui apprendre à seulement *lever la main* (beaucoup de cavaliers ignorent que sur la plupart des chevaux s'en allant à des allures moyennes, rênes flottantes, il suffit de lever la [ou les] main[s] avec une *très légère* tension pour qu'immédiatement le cheval ralentisse et s'arrête).

Pour changer de direction l'élève à ce stade doit, soit déplacer sa main pour tourner par effet d'appui, soit effectuer une petite traction afin de tourner légèrement le bout du nez dans la direction où il veut aller ; et le cheval obéira en totale décontraction.

Un défaut extrêmement courant chez un nombre considérable de cavaliers réside dans le fait qu'ils ne savent pas se servir de leurs jambes. La raison est, là encore, une instruction généralement très sommaire en la matière.

Certes, l'élève s'entend répéter souvent : « Des jambes... des jambes... », mais là s'arrêtent en général les indications.

Il serait utile d'apprendre *dès le début* de son instruction au jeune cavalier les bases fondamentales concernant l'utilisation de ses aides inférieures.

Elles sont d'ailleurs simples, encore faut-il les expliquer et veiller au début à la prise de bonnes habitudes.

Mais d'abord bien inculquer que l'action des jambes est aussi subtile que celle des mains. Elle doit être dosée, délicate, correspondant à l'effet recherché.

En disant cela, nous ne formulons pas une découverte bouleversante, mais nous regrettons seulement que la chose ne soit pas dite, et avec une recherche d'application, dès le début de l'instruction.

La pédagogie équestre a toujours tendance à dire : plus tard ! « Quand vous saurez vraiment monter à cheval, alors il sera temps de travailler en finesse... » Eh oui ! seulement alors les mauvaises habitudes se prennent ; et il est bien plus difficile de combattre de mauvaises habitudes que d'essayer d'en donner de bonnes lors de la formation de base.

Il ne suffit pas de dire à un élève : « Les actions de jambe doivent être précises et dosées », pour qu'immédiatement il agisse avec le tact d'un grand cavalier, mais s'il sait, s'il comprend que l'action des jambes doit être aussi fine, aussi précise que celle de ses mains, il agira *en pensant* à ce qu'il fait. S'il agit en concentrant son attention sur ses actions de jambe, il est, là encore, sur la voie pouvant l'amener au sentiment et au tact.

Tenez ! Une image illustrant ce fait ; une image que tout le monde voit... ou pratique...

Un cavalier est arrêté. Il veut se porter en avant. Pour cela... boum ! donne un grand coup de talon dans les flancs de son cheval ! Et cette manière de faire n'est pas l'apanage des tout débutants, mais bien celui d'une multitude de cavaliers même relativement confirmés. Conséquence directe : les chevaux eux aussi ne deviennent pas attentifs à la jambe, et il s'ensuit une absence de possibilités impulsives.

Donc le jeune cavalier doit apprendre et *comprendre* le plus tôt *possible* que le « mouvement en avant » du cheval en réponse à une action de jambe du cavalier *n'est pas une réaction d'ordre mécanique,* mais *le fruit du dressage.*

Si le cheval répond mal à la pression de la jambe, c'est donc le dressage qu'il faut rappeler au cheval et non se mettre à donner des grands coups de talon sur les flancs.

> ***Au moindre affaiblissement de l'impulsion le cavalier doit la rétablir dans sa plénitude toutes affaires cessantes, par une reprise immédiate de la leçon des jambes.***
>
> ***Général Decarpentry***

> ***Le simple contact de la botte ou du pantalon doit suffire pour produire ou augmenter le mouvement.***
>
> ***Beudant***

Acquérir une bonne jambe résulte de la stricte application de quatre conditions.

● En premier, le bas de jambe agit *latéralement,* pour engendrer la réaction impulsive. L'emploi du talon est, et doit être, très rare en équitation de basse école, limité à certaines actions de jambe isolées. Si la jambe est comme elle *doit être*, droite, elle agit à la sangle, là où la poitrine du cheval est la moins large, et son action ne doit pratiquement pas être visible par un observateur placé sur le profil.

En agissant latéralement, le mollet effectue sa pression à la sangle ou juste derrière. L'action est précise puisque la jambe demeure fixe, et le cavalier ne change pas son propre équilibre. Il demeure normalement appuyé sur ses étriers, ce qui n'est plus le cas s'il recule sa jambe et donc incline son étrivière vers l'arrière.

De plus, et *ceci est fondamental* il ne faut jamais oublier que la jambe commence aux hanches. Assiette, cuisses, mollets doivent être solidaires et ne former qu'un tout. Un cavalier utilisant ses jambes par pressions latérales et même légèrement à « rebrousse-poil » a naturellement une action partant des hanches et faisant jouer assiette et cuisses. Ces demandes impulsives ont un effet sur le cheval qui n'a rien à voir avec celles d'un cavalier se contentant de « frotter » des jambes reculées sur les flancs du cheval, sans que l'assiette puisse agir, car en reculant les jambes, la chose est *impossible.*

● En deuxième, la jambe doit toujours agir en se *rapprochant ;* lentement... très lentement même au début et s'écarter tout de suite, dès l'obéissance du cheval.

> ***Actions de jambes ne veut pas dire nécessairement actions de mollets car la jambe du cavalier commence aux hanches.***
>
> ***N. Olivera***

Cette habitude a deux conséquences : en rapprochant sa jambe progressivement le cavalier va pouvoir doser son action. Le cheval, lui, a le temps, sentant la jambe se rapprocher, de répondre à la demande impulsive et tout naturellement il acquiert l'habitude de réagir à des actions très légères. Nombre de cavaliers s'ils agissaient ainsi seraient étonnés de constater que des chevaux dits froids aux jambes, répondant mal à des grands coups de talon, répondent d'instinct beaucoup mieux à un léger rapprochement de la jambe.

Donc agir latéralement en rapprochant lentement la jambe et... en cessant l'action dès le début de l'obéissance.

● Là est le troisième point capital. Un ordre est donné, le cheval y obéit... l'ordre cesse aussitôt. Faute de quoi les ordres deviennent confus pour l'animal.

Pour *avoir* des jambes ; pour que leur action soit efficace, utile, encore faut-il au préalable *ne pas en avoir.*

Ne pas se servir de ses jambes ou s'en servir tout le temps revient sensiblement au même, le cheval ne prêtant plus aucune attention à leur présence.

● Enfin quatrièmement, ne jamais augmenter les actions des jambes sous le prétexte que le cheval n'a pas ou mal répondu.

Se mettre à agir fortement pour obtenir le mouvement voulu c'est tomber dans le piège où s'enlisent tant de cavaliers qui n'auront jamais de chevaux « aux jambes » et « devant eux ».

Il faut bien comprendre que, lorsque la jambe vient au contact, le cheval doit immédiatement réagir ; s'il ne le fait pas ou mal, la jambe doit renouveler sa pression cette fois sous forme d'une petite attaque sèche accompagnée d'un rappel à l'ordre par la voix (ou un tout petit coup de cravache). Mais ne *jamais* continuer à « presser » le flanc du cheval qui ne répond pas, car c'est alors accepter la désobéissance et surtout le « blaser » aux jambes.

> ***Les demandes impulsives ne doivent se demander que par des actions brèves avec les flancs du cheval.***
>
> ***Général Decarpentry***

Exercice n° 11 :

Leçon initiale de la jambe

Il est bon que l'élève comprenne bien le principe, d'une simplicité enfantine, sur lequel est basée l'obéissance aux jambes.

A ce stade, il vaut mieux que l'instructeur lui en fasse la démonstration afin de bien lui faire comprendre la netteté, le calme, la tranquillité avec laquelle cette leçon doit être donnée.

L'instructeur doit donc prendre un cheval sur lequel ostensiblement il « serre » les jambes sans obtenir de mouvement en avant, ou avec une triste et lente mollesse.

1. Prendre sa cravache la pointe en haut sans que le cheval s'en aperçoive.

2. Aller au pas, rênes longues tenues dans la main gauche (pour les droitiers, du moins...). A un moment, serrer franchement les mollets et environ 3/4 de seconde plus tard, donner un coup de cravache énergique sur l'arrière-train.

3. Faire très attention que le cheval, surpris par le coup de cravache, ne rencontre aucune opposition de la main en se portant brutalement en avant.

C'est seulement après trois ou quatre foulées que le cavalier doit *sans brusquerie* reprendre le contact avec la bouche du cheval et peu à peu l'arrêter. Il est nécessaire de se servir de l'effet calmant de la voix pour contrebalancer l'inquiétude normale de l'animal recevant un coup sans en comprendre la raison (nous parlons d'un cheval n'ayant jamais eu cette leçon des jambes).

4. Remettre le cheval au pas, le laisser bien retrouver son calme. A ce moment, recommencer la même opération.

5. *Automatiquement,* à la 3e, 4e ou 5e fois, le cheval, ayant associé dans son esprit la pression des jambes avec le coup de cravache, se porte franchement en avant dès l'attaque des jambes pour fuir le coup attendu. Cette fois-là, le cavalier *ne donne pas,* bien entendu, le coup de cravache (c'est la raison pour

laquelle ce coup ne doit être porté qu'une bonne demi-seconde après l'attaque des jambes. Le cavalier a ainsi le temps d'arrêter son geste lorsque le cheval répond convenablement).

Aussitôt il arrête, caresse beaucoup, bruyamment, donne une récompense tangible (sucre ou carotte). Le processus de compréhension est engagé. Il importe de le confirmer et ensuite de l'affirmer.

Redemander des départs au galop sur une pression des mollets déjà plus légère. Dès que le cheval répond mollement : petit coup de cravache. Cette fois, les choses sont claires pour l'animal. Il comprend parfaitement qu'au contact de la jambe, il doit immédiatement se porter en avant, faute de quoi il est sanctionné.

Si ce rappel à l'ordre doit désormais être renouvelé de temps en temps, il ne risquera plus d'affoler le cheval, celui-ci ayant compris la raison de la sanction. C'est déjà un point important.

L'animal sait ce que le cavalier attend de lui ; il importe maintenant à ce dernier de veiller à toujours exiger une soumission aux jambes, rapide, généreuse, et à des actions de jambes de plus en plus légères.

Pour cela, en partant toujours de l'arrêt, alterner des départs aux trois allures. Par exemple : pas... galop... galop... trot... galop... pas... trot... pas..., etc. Ainsi un code de compréhension s'établit pour le cheval.

A titre indicatif – et ceci, si le cavalier a de l'expérience et le sens du dosage des actions de jambes – avec *tous* les chevaux, et en quelques minutes, voici l'intensité des demandes :

Pour partir au pas. Du moment que l'action part de la hanche comme pour agir avec une pression du mollet légèrement à rebrousse-poil, le cheval comprend qu'il y a demande impulsive – et donc y obéit *immédiatement* grâce au mouvement provenant simultanément de l'assiette et des cuisses. Le mollet n'a pas le temps de venir au contact, sinon par un léger frôlement.

Pour partir au trot. Exactement le même mouvement mais allant jusqu'à un contact (le mot pression serait exagéré) du mollet avec le flanc du cheval.

Pour partir au galop. Toujours même action partant des hanches, provoquant donc une augmentation de l'appui de l'assiette et des cuisses, avec la pression nette (toujours légèrement à rebrousse-poil) du mollet – *un seul* mollet, celui du côté contraire au pied sur lequel le cavalier veut que son cheval galope.

A la fin de cette première partie, l'élève doit avoir acquis solidité, souplesse, aisance et confiance. Son cheval se porte en avant dans la légèreté et il le conduit et le contrôle d'une main.

■ Les aides supérieures

Maintenant alors, nous allons pouvoir apprendre à l'élève à utiliser ses aides supérieures afin de pouvoir pratiquer une équitation de rassembler.

Nous abordons là un aspect capital de l'équitation. Dans la première édition de ce livre nous avions déjà analysé le problème, beaucoup plus en détail que la chose ne se fait généralement. La somme de nos nouvelles expériences nous a démontré que nous étions encore extrêmement loin du compte. C'est en ce domaine qu'il m'est souvent arrivé de penser : Mais comment n'a-t-on encore jamais parlé de cela ?

S'il y eut quantité de cavaliers ayant de merveilleuses mains, la chose releva uniquement de leur talent, de leur sentiment, de leur instinct, mais certainement pas de la formation qu'ils avaient reçue. Nous sommes obligés de constater que dans l'instruction équestre, et depuis toujours, il n'y a aucune analyse sérieuse concernant la manière de se servir des rênes.

« Ajustez vos rênes... fermez la main... Serrez le pouce, tournez vos ongles vers l'intérieur, mettez vos mains devant vous à 25 centimères l'une de l'autre... et... allez-vous faire voir ! » Que l'on me pardonne cette trivialité mais elle correspond avec une triste réalité. Il faut véritablement avoir en soi une sorte de génie pour parvenir après ces « conseils » à acquérir une bonne main.

Alors essayons aujourd'hui d'étudier scientifiquement ce problème tellement délicat.

« C'est la qualité de la main qui fait la hiérarchie cavalière. »

Ceci peut être posé en axiome. A tous les niveaux, et de façon encore plus nette au fur et à mesure où celui-ci s'élève ; dans toutes les disciplines, c'est la finesse de la main qui engendre les différences entre les cavaliers.

Mais sentiment, talent, tact, voire génie ne suffisent pas si le cavalier n'a pas les moyens d'ordre mécanique de s'exprimer totalement.

Établissons un parallèle avec le tennis pour nous faire bien comprendre.

Une raquette de tennis comprend le manche et le tamis. Imaginons un jeune joueur qui tiendrait sa raquette juste sous le tamis dans le haut du manche. S'il est extrêmement doué et adroit, il parviendra peut-être en deuxième série ; mais évidemment il ne gagnera jamais Roland-Garros. Car avec cette prise de raquette il ne pourra malgré ses dons donner à ses balles la puissance, les accélérations, les effets nécessaires.

Or pourtant si ce tennisman tient ainsi sa raquette durant des années, lorsque quelqu'un lui dira : « Tu as tort ; il faut tenir ta raquette par l'extrémité du manche », il aura du mal à le croire. En raison de ses habitudes, il se sentira très mal à l'aise et très maladroit en changeant sa prise de raquette.

Seulement, dans le monde du tennis les prises de raquette ont depuis belle lurette été étudiées, analysées, *améliorées au fur et à mesure des découvertes,* et dès ses débuts l'élève tennisman apprend la gamme des différentes prises. Car elles ne sont pas exactement les mêmes selon qu'il s'agit de servir, de renvoyer en coup droit, en revers lifté, etc.

Le petit cavalier lui, qu'il veuille tourner large... ou serré... allonger... reprendre... au galop... au trot... aborder un obstacle... il a en tout et pour tout UNE tenue de rênes : les ongles tournés vers l'intérieur... la main bien serrée... ! Cyrano dirait sans doute : « C'est un peu court jeune homme. » Mais le jeune homme, lui, n'y est pour rien. Les responsables sont ceux-là qui ont charge de le conseiller, de le guider, de l'instruire dans le plus vaste sens du terme.

Pour instruire ce petit cavalier, il serait bon sans doute avant toute chose de lui faire réaliser ce qu'est la sensibilité animale. Pour cela, par exemple, lui faire une démonstration bien simple, et que pour ma part je fais toujours aux personnes travaillant pour la première fois avec moi. Je n'ai jamais eu encore une seule « ratée », or pourtant je la réalise sans aucune préparation préalable, et sur *n'importe quel cheval,* à la seule condition bien sûr qu'il sache déjà reculer.

Le cheval, arrêté, est mis dans un très léger effet d'ensemble. A ce moment une personne de l'assistance dit : « En avant » ou « En arrière » à son choix. Le cavalier referme alors légèrement ses jambes et ceci *de la même manière* dans les deux cas. Mais... comme il faut bien que le cheval soit informé sur le mouvement à effectuer, l'indication lui est communiquée par les mains. Or on constate que si la main du cavalier ne bouge absolument pas le cheval sans aucune hésitation se porte en avant. Si, juste avant le rapprochement de la jambe, les doigts se sont durcis, c'est-à-dire mécaniquement parlant ont reculé de 4 à 5 millimètres, le cheval, *toujours sans aucune hésitation,* se met à reculer.

Ainsi donc pour n'importe quel cheval, la signification d'une action des mains de l'ordre de 4 à 5 millimètres est aussi claire à son entendement que la différence existant entre le jour et la nuit !

Voilà ce qu'il faut montrer au jeune cavalier. Avant même d'apprendre à se servir de ses rênes, il doit comprendre avec quelle délicatesse et quelle précision il va devoir agir. Or qui dit précision dit : fixité préalable. Une action légère, et même ultra-légère n'est compréhensible pour le cheval *que si elle part d'une totale fixité.* Si les mains bougent, s'agitent (même un peu), le cheval ne comprend plus rien, toutes les actions se noyant dans l'agitation générale.

Donc FIXITÉ et PRÉCISION sont les deux bases à acquérir et à développer. Alors essayons... enfin... d'analyser scientifiquement comment il faut pour cela tenir et se servir des rênes.

Pour un être humain, il est trois façons différentes sur le plan musculaire de donner une tension.

- En faisant jouer le poignet.
- Par l'action des biceps.
- Par l'action des épaules (nous

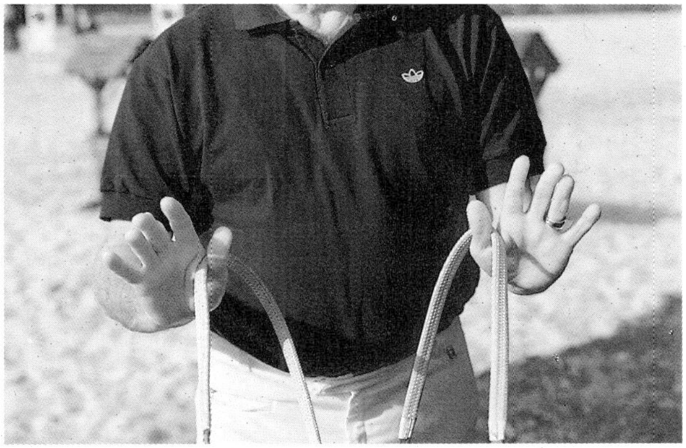

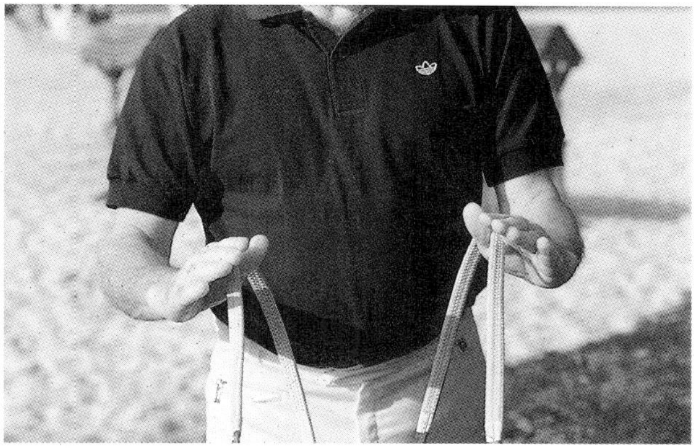

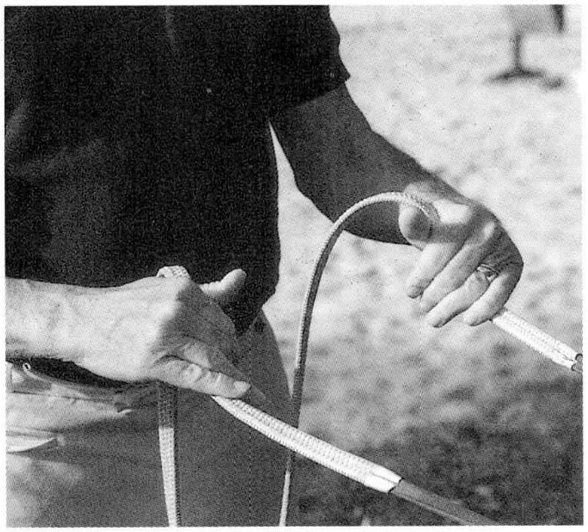

Prise et tenue des rênes :
1. – Les rênes reposent entre la base du pouce et la main.
2. – Les mains commencent à pivoter.
3. – Les mains sont presque à plat. Les actions seront ***toujours*** *données indirectement : par appui des doigts verticalement ou par augmentation du pivotement de toute la main, le tranchant de celle-ci appuyant toujours verticalement sur la rêne. Le simple effet de « lacet » suffit la plupart du temps à maintenir la rêne. En cas de tension plus forte, une légère pression de la base du pouce contre la main donne une tenue totalement fixe.*
4. – La main gauche a attrapé le fouet de la rêne droite et le conserve pincée entre le pouce et l'index. Ainsi, à tous moments, le cavalier peut raccourcir immédiatement sa rêne droite. Que le cavalier tienne ainsi le fouet de la rêne droite ou de la rêne gauche n'a aucune importance sauf en incurvation où il est préférable de toujours pouvoir raccourcir en priorité la rêne intérieure.

avons dit *action*, car il ne s'agit pas forcément du reculer des épaules).

Il est à noter, et il faut en tenir compte sur le plan pédagogique, que l'usage des biceps est la réaction instinctive de l'être humain. Donnez dans la rue une corde à un passant en lui demandant d'effectuer une tension, il agira par la contraction de son biceps.

Or il s'agit d'un muscle à proscrire totalement. Ses actions sont brusques, saccadées, difficilement dosables. Ce n'est pas sans raisons que dans toutes les activités sportives nécessitant un geste des bras, les pédagogues apprennent aux exécutants à travailler avec leurs épaules. Pour *tous les sports*, les plus divers, que ce soit le tennis, le golf, le lancement du javelot, la boxe, la pratique du jeu de billard, le mouvement doit *toujours* partir de l'épaule.

Il est d'ailleurs depuis longtemps répété dans les instructions équestres : le dos droit et reculez les épaules. En effet un dos rond bloque le jeu des épaules, et ces conseils voulaient répondre à ce besoin d'apprendre à travailler par ses épaules. Seulement l'explication est un peu sommaire. Il est tout à fait possible d'avoir des épaules reculées mais raides et d'agir uniquement par ses biceps.

Il faut donc expliquer et faire comprendre que toutes les actions sur la bouche d'un cheval, *aussi infimes soient-elles,* doivent toujours partir *des épaules du cavalier,* JAMAIS d'une contraction des biceps.

Seulement cette première constatation en implique une deuxième. Et celle-ci fut toujours méconnue, du moins dans le cadre de l'instruction. *Il n'est possible d'agir souplement par ses épaules* QUE *si les mains sont ouvertes !*

Tout un chacun peut en faire immédiatement l'expérience : mettre ses mains devant soi et *les fermer ;* les biceps immédiatement se contractent et automatiquement le cavalier les utilise pour ses actions. Automatiquement ! Et avec les à-coups, les brusqueries, le manque de douceur que le fait implique. Même si le cavalier a beaucoup de tact et de talent, il aura par le fait des lois mécaniques une mauvaise main.

Par contre si les mains sont ouvertes, alors toutes les actions peuvent provenir du jeu souple des épaules.

Mains ouvertes ? Mais il est pourtant nécessaire de tenir les rênes ?

Disons pour être plus nuancé qu'il s'agit de les « retenir ». La chose est facilement réalisable. Nous allons essayer de l'expliquer dans ce texte mais les photographies l'accompagnant seront sans doute plus compréhensibles.

Si la rêne est glissée complètement au fond de l'espace séparant le pouce de l'index, et qu'ensuite la main pivote et se pose, à plat, sur la rêne, celle-ci, par le simple effet de lacet est parfaitement retenue. Du moins retenue pour des actions normales. En cas d'augmentation de la tension il suffit d'effectuer une pression de la base du pouce pour pouvoir résister sans aucune difficulté à des tensions pouvant aller jusqu'à 40 ou 50 kilos. (Ces chiffres ne sont bien sûr donnés qu'à titre d'ordre mécanique pour des cas exceptionnels puisqu'en principe, et presque toujours dans la réalité, les tensions de rênes doivent être légères – ceci ne l'oublions jamais.)

Ainsi notre tenue de rêne est résolue de façon à toujours garder la main ouverte et les doigts souples. Rappelons donc et insistons sur ce point : un cavalier qui ferme sa main sur les rênes agira immanquablement pour l'exécution de mouvements et de variations rapides avec une certaine brusquerie, avec des à-coups et déclenchera des réactions de contraction chez le cheval.

> ***De même que la jambe commence à la hanche, les bras commencent à l'épaule. Quand on dit avoir la main décontractée cela est aussi bien pour le poignet, le bras, l'épaule.***
>
> ***N. Oliveira***

Les actions indirectes effectuées par l'appui du tranchant de la main grâce à la rotation de tout l'avant-bras permettent, à la fois, une grande amplitude d'action et une extrême précision puisque la main reste totalement fixe.
1. - Tenue de rênes normale. La main est presque à plat.
2. - Commencement de la rotation de l'avant-bras.
3. - Continuation du mouvement (à noter : la main est toujours ouverte souplement. L'effet de lacet maintient la rêne).

Par contre un cavalier gardant la main ouverte et souple aura la faculté de doser parfaitement ses actions.

Ce point acquis, il en est un autre aussi important. Comment maintenant va-t-il agir ?

Il est fondamental de donner tout de suite au jeune cavalier l'habitude d'agir sur ses rênes toujours de façon « indirecte ».

Lorsqu'en se reculant, peu ou prou, la main du cavalier provoque une « tension-traction » sur la commissure des lèvres du cheval, c'est ce que nous appelons : « action directe. »

Ce que par contre nous appelons : « action indirecte », c'est lorsque, le point de tenue des rênes étant fixe, le cavalier, d'une façon ou d'une autre, appuie sur la rêne. Cet appui va engendrer par la force des choses une « tension-traction » sur la bouche du cheval, mais de façon souple, amortie, et, *c'est un fait absolu*, les chevaux, *tous* les chevaux réagissent différemment. Alors que souvent ils se contractent sur une action directe, ils cèdent

4. – Sous l'effet de cette complète rotation, le cheval a ployé son encolure à 80°, ***sans que la main ait bougé de place.***

souplement dès que la même action est faite indirectement.

Il est amusant d'ailleurs de constater que rien n'étant vraiment nouveau sous notre soleil, nous retrouvons là un des griefs principaux émis à l'encontre de François Baucher par les d'auristes. « Il est ridicule de voir un cavalier pianoter sur ses rênes. »

Pianoter ? Donc appuyer du bout des doigts, *devant le point de tenue.* Si « le plus grand écuyer de tous les temps » agissait ainsi c'est qu'il en sentait les avantages. Alors pourquoi s'est-on privé dans l'enseignement équestre de cette découverte de François Baucher ?

Il est deux façons d'agir par appui sur la rêne donc indirectement : soit par les doigts, soit par la main.

Par les doigts, la chose, bien que non enseignée dans le cadre de l'instruction équestre, est pratiquée par beaucoup de cavaliers. Il est donc inutile de nous appesantir là-dessus. Toutefois remarquons que cette manière de faire ne peut s'utiliser qu'*uniquement* avec des chevaux très bien dressés. En outre cette action indirecte par appui des doigts sur les rênes présente deux limites :

– L'amplitude de l'action est extrêmement faible, donc ne peut être utilisée que pour certaines actions... pas toutes.

– En cas de contraction du cheval, les doigts n'offrent évidemment aucune capacité de résistance. Adieu donc fixité et strict contrôle.

Pour ces deux raisons, les actions indirectes par pression des doigts – souvent très utiles en raison de leur finesse et de leur précision – ne peuvent être utilisées qu'avec des chevaux possédant déjà un très bon degré de dressage et pour certains mouvements seulement.

Il faut donc le reste du temps utiliser, et cela de façon courante, l'action indirecte par l'appui de l'ensemble de la main, c'est-à-dire par : *rotation de tout l'avant-bras.*

Ici je conseille au lecteur que ce problème intéresse de faire très attention afin de bien comprendre, car ce que j'enseigne là ne l'a jamais été auparavant.

Des cavaliers de haut niveau, surtout en dressage, l'ont pratiqué et sans doute enseigné à certains disciples, oui ! Mais cela n'a jamais été enseigné par une école d'instruction en vue de la pratique de base.

Et pourtant... !

Depuis fort longtemps il a été enseigné de travailler par « le jeu du poignet ». Cette manière présente, à un niveau un peu moindre, la même limitation d'action que par l'appui des doigts.

Le simple jeu du poignet permet une amplitude de mouvement de l'ordre de 4 à 5 centimètres, pas plus. Par ailleurs nous constatons que l'action provient alors *uniquement* du jeu du poignet, mais en aucune façon de l'épaule.

Par contre si la rêne repose sur tout le plat de la main, et si celle-ci, *en même temps que tout l'avant-*

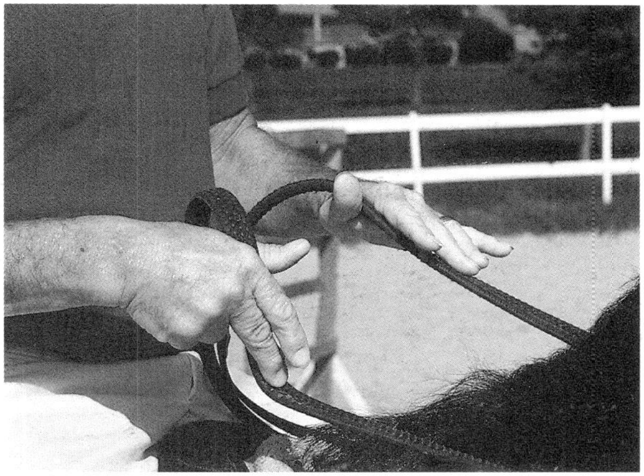

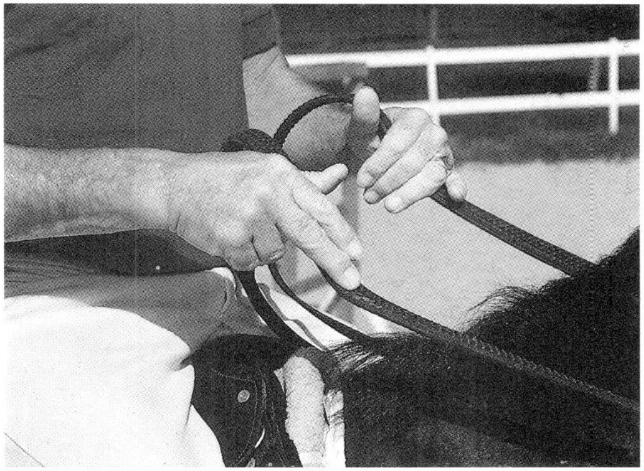

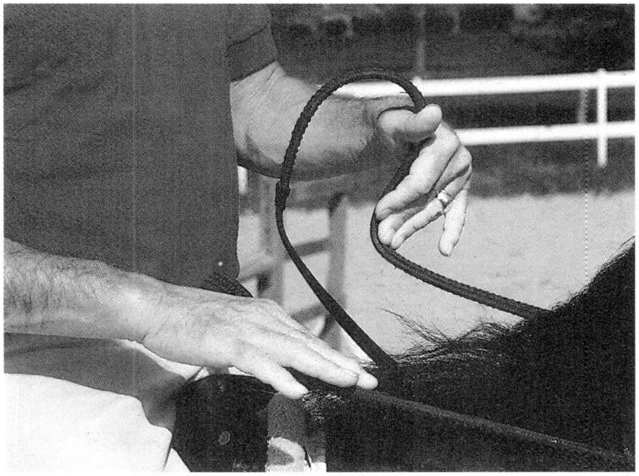

La plupart du temps, les mains n'agissent que par simples pressions des doigts sur les rênes. Ici, actions décontractives alternées droite/gauche.

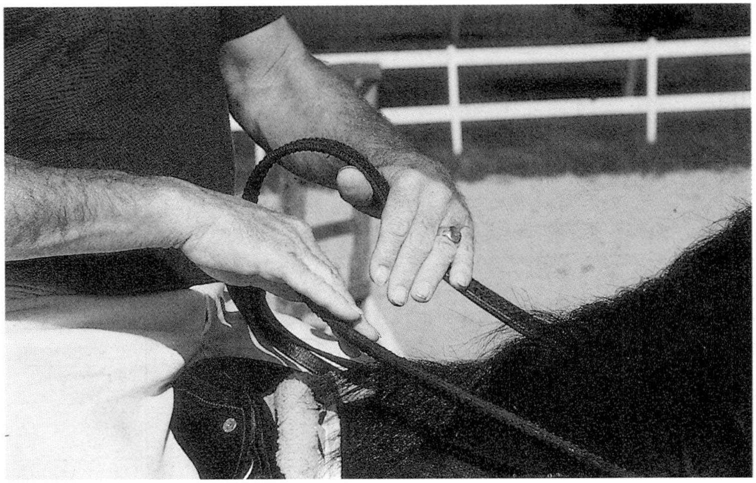

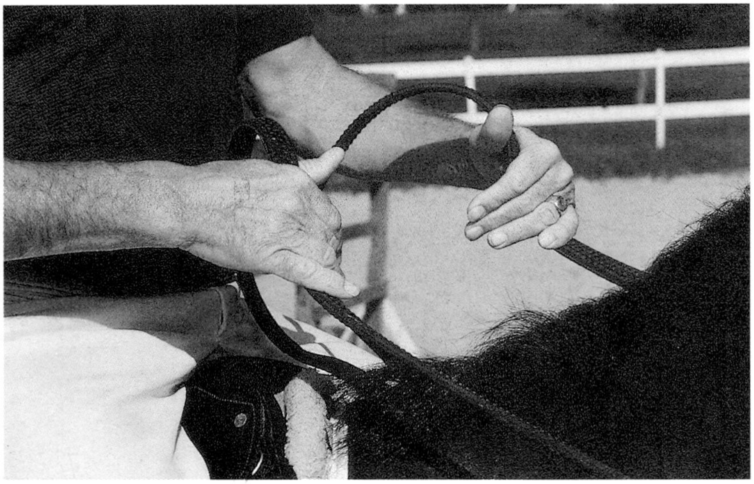

Mêmes actions que précédemment, mais effectuées par l'appui du tranchant de la main. Ces actions sont moins fixes que celles effectuées par des pressions de doigts mais, en cas de résistance du cheval, cette tenue permet une fixité totale.

bras, pivote d'avant-arrière, nous constatons :

– que l'action est bien indirecte puisqu'elle s'effectue par l'appui du tranchant de la main sur la rêne ; alors que le point de tenue est toujours dans le fond de la main entre les bases du pouce et de l'index ;

– que ce mouvement *peut et doit* partir de toute l'épaule.

Les avantages de cette tenue de rêne sont multiples et primordiaux.

Toutes les actions, aussi faibles soient-elles, proviennent du jeu de l'ÉPAULE. Donc totalement amorties, souples, et s'il le faut : résistantes.

– La rotation complète de la main représente une action pouvant être de 15 à 20 centimètres ; tout en gardant le point de tenue fixe.

Bien entendu le cavalier n'use de cette possibilité qu'en fonction de ses besoins ; mais elle est à sa disposition et peut être extrêmement utile, notamment avec de jeunes chevaux en voie de formation.

Enfin, et cela a une énorme importance, la fixité de la main provenant de l'épaule permet de résister absolument sans bouger à d'éventuelles défenses du cheval.

Combien voit-on souvent de cavaliers dont les mains sont brusquement entraînées en avant par une défense du cheval, soit que ce dernier encense, soit qu'il cherche à partir en descente d'encolure !

Or si le cheval s'aperçoit qu'il peut entraîner la main du cavalier, fût-ce de quelques centimètres, il recommencera. Par contre, s'il se cogne sur des mains aussi fixes et aussi résistantes qu'un anneau fixé dans un mur, après quelques tentatives il renoncera à des actions n'ayant pour seul effet que de lui meurtrir la commissure des lèvres.

Les mains d'un cavalier contractant ses biceps ne pourront en aucune manière rester fixes en recevant l'à-coup dû à un brusque mouvement de la tête du cheval. Par contre, par une légère avancée de la pointe de l'épaule accompagnée de la contraction des trapèzes (les mains et les avant-bras restant totalement souples), les mains peuvent rester littéralement de pierre, même sur de brusques et très fortes tensions. C'est un fait aisément démontrable à quiconque.

Ainsi le cavalier peut travailler avec toute la douceur grâce au jeu des amortisseurs : épaules, coudes, rotation du bras et de la main mais dans le cadre d'une fixité littéralement d'acier.

Voici posés les trois principes, ou plutôt les trois nécessités d'ordre mécanique, donnant au cavalier les premières bases de la façon d'utiliser ses aides supérieures :

– Mains toujours ouvertes, sans jamais contracter les doigts.

– Agir de façon toujours indirecte, par appui sur la rêne.

– Prendre l'habitude de faire partir toutes les actions des épaules.

Mais ce n'est pas tout. Ces points seraient même très fréquemment irréalisables si nous ne songions pas à résoudre LE problème clé.

Demandez à un être humain d'effectuer un acte de précision avec ses mains : glisser un fil dans le chas d'une aiguille, faire un réglage minutieux, écrire, etc. *Toujours,* observez-le par vous-même, toujours l'être humain, lorsqu'il a besoin de se servir avec précision de ses mains, les place à une certaine distance de ses épaules, toujours sensiblement la même. Ce n'est pas à un degré près, bien entendu, mais la main est placée instinctivement à une distance de l'épaule correspondant sensiblement à l'hypoténuse d'un triangle rectangle dont l'angle droit est formé par le coude... TOUJOURS !

Mais de deux façons différentes. Si cet être humain est dans une certaine position qu'il ne tient pas à changer, il ramène ses mains vers ses épaules ; si ses mains doivent agir en un certain point précis (par exemple, écrire sur une table) l'humain, alors, avance son épaule en conséquence. Mais répétons-le, d'une façon ou d'une autre, sans même y réfléchir, l'humain pour avoir la précision de ses mains les place à sensiblement toujours la même distance de ses épaules – celle décrite plus haut.

Pourquoi ?

Pour une simple raison. Instinctivement, il sent que lorsque son coude est ployé aux alentours de 90° il peut agir avec toute la souplesse et le jeu de ses épaules, donc avec le maximum de précision.

Ceci est un fait.

Alors il est loisible de s'étonner que lorsqu'il s'agit de l'équitation, c'est-à-dire d'un art pour lequel la finesse, le tact, la précision de la main ont tant d'importance, cet aspect de la question a toujours été presque totalement négligé.

Je dis « presque » car on parle dans certains manuels du ploiement du coude. Ceci est d'ailleurs repris par habitude, l'expression se trouvant souvent dans de vieux écrits ; mais les mots « coude ployé » ne font l'effet d'aucune explication, et finalement nul n'y prête attention. La meilleure preuve en est de voir tant d'élèves « type de base » se déplacer les mains bien en avant, les bras pratiquement tendus...

Il ne suffit pas d'ailleurs de constater qu'effectivement l'humain doit avoir le coude ployé pour avoir l'efficacité de sa main, il faut encore pouvoir tenir compte de cette réalité ! Et pour cela ne pas hésiter à bouleverser totalement de très vieilles habitudes.

Le cavalier n'est pas toujours sur son cheval dans la même attitude. Dans les disciplines d'extérieur, il est souvent assis sur sa selle mais parfois *doit* se mettre en équilibre. Donc *ses épaules ne sont pas toujours à la même place.*

Par ailleurs, en fonction des variations d'allure, des mouvements à effectuer, des objectifs à atteindre, le cavalier va devoir « jouer » du placer de l'encolure. En fonction de son travail, le cheval va être mis en extension ou au rassembler, avoir une encolure ployée pour épouser une incurvation, etc. Donc, à chaque variation du placer, la bouche du cheval varie d'emplacement. Autrement dit, que ce soit par le fait des changements d'assiette du cavalier ou des attitudes du cheval, une constatation est indiscutable : La distance entre les épaules du cavalier et *la commissure des lèvres de sa monture est extrêmement variable.*

Alors ?

Alors si on tient à être lucide et à analyser scientifiquement l'art équestre, de cette constatation il résulte que le cavalier a le choix entre deux solutions... pas trois, DEUX !

Soit il a une tenue de rênes fixe, de façon qu'elles ne puissent glisser dans ses mains... et donc il lui faut pour conserver un même contact avec la bouche en dépit de ces changements de distance *avancer* ou *reculer* les mains.

1. – Geste instinctif de quelqu'un voulant effectuer un travail de précision avec ses mains.
2. – Jamais l'être humain n'écarte ainsi ses mains lorsqu'il veut faire ce travail de précision.
3. – A cheval, l'emplacement des mains doit correspondre à cette loi d'ordre mécanique.
4. – Position à proscrire en équitation.

1. – Voici un cavalier cherchant à incurver son cheval sans avoir changé la longueur de ses rênes.

2. – Même travail mais effectué facilement, en conservant la fixité des mains, parce que le cavalier a changé la longueur de ses rênes.

Soit il veut garder des mains fixes, à l'emplacement lui donnant la totalité de ses possibilités d'expression et alors il lui faudra obligatoirement changer la longueur des rênes à chaque variation de la distance épaules-commissure des lèvres.

Il n'existe pas de troisième solution ! Ou ce sont les déplacements de mains qui, en avançant ou en reculant, annulent les variations de distance entre les épaules et la bouche, ou le cavalier conserve ses mains à l'endroit où IL VEUT qu'elles soient, et alors varie en conséquence la longueur des rênes.

Pour nous le choix ne fait pas de doute. Nous savons que pour avoir le maximum de précision, de sensibilité, de fixité, nous devons placer nos mains à un endroit très précis par rapport à nos épaules. Si nous commençons à les reculer exagérément, ou bien pire, à les avancer (c'est-à-dire ouvrir nos coudes et raidir nos épaules) nous n'aurons plus la même finesse de main. Bien entendu les très bons cavaliers effectuent par la force des choses des variations de longueur de rênes ; mais ils en ont découvert la nécessité tout seuls. Jamais l'enseignement équestre n'a appris aux élèves qu'ils sont nécessaires, et *comment* les effectuer.

Tenez, sourions un peu ! Établissons un parallèle. Un conducteur automobile est à son volant en ayant consciencieusement les mains à droite et à gauche de celui-ci. Il doit à un moment donné effectuer un tournant serré mais... mais ce conducteur n'a pas le droit de changer sa longueur de rênes... pardon !... de changer sa prise de volant. Imaginez les contorsions que devra essayer de faire ce brave conducteur pour tourner fortement ce volant ! Ces contorsions sont courantes en équitation ! Des cavaliers qui pour tourner en incurvation avancent une main, reculent l'autre... se tortillent dans des attitudes les obligeant à « tirailler » sur la bouche de leurs chevaux. Alors que si comme le fait naturellement le conducteur automobile sur son volant ils changeaient leur longueur de rênes, ils tourneraient souplement, sans aucun problème.

L'instruction équestre doit, *avant* de commencer à apprendre à l'élève à utiliser ses aides supérieures, lui apprendre à « courir » sur ses rênes ; à déplacer ses mains sur elles, en un éclair, instinctivement, souplement ; lui faire acquérir dextérité et aisance dans leur maniement, lui faire comprendre que la rêne n'est pas un marteau tenu fortement et à pleine main... Non ! La rêne c'est un violon, une harpe. Le cavalier doit apprendre à jouer la musique équestre. Un pianiste appuie sur une note... il obtient un *ré*, mais s'il déplace son doigt de 2 centimètres sur la droite et frappe à nouveau, il obtiendra un *mi*. Il en est de même avec un cheval. Nous avons déjà dit qu'une variation de 5 millimètres indiquait au cheval sans aucune erreur possible s'il devait se porter en avant ou reculer.

Libérer l'élève du réflexe de tenir les rênes, c'est lui ouvrir la porte donnant accès à la possibilité d'avoir une bonne main. C'est le mettre sur la voie de comprendre que les ordres à un cheval se communiquent par des « touches » sur les rênes, des « pressions », et données toujours de façon indirecte.

Non, en tirant sur les rênes par les biceps et avec une *main bien fermée.*

Le cavalier va devoir sans cesse varier la longueur de ses rênes. Or nous constatons que ces variations deviennent faciles et rapides avec notre manière de tenir les rênes. Pour varier la longueur il suffit :

– de faire pivoter l'avant-bras de façon à placer la main à plat sur la rêne ;

– aucune pression ne gênant la main il suffit alors de l'avancer ou de la reculer, toujours à plat jusqu'à l'emplacement souhaité ;

– faire pivoter à nouveau la main pour retrouver la tenue de rênes grâce à l'effet de lacet...

Avec l'habitude ces mouvements s'effectuent à toute allure, en une fraction de seconde, et machinalement. Attention à une chose très *importante :* très souvent la main *ne bouge pas.* C'est en tirant le fouet

3. – Voici l'importance de cette différence de longueur entre la rêne droite et la rêne gauche.

entre le pouce et l'index de l'autre main que le cavalier raccourcit sa rêne, mais en conservant une totale fixité de main. C'est aussi une habitude qui s'acquiert rapidement et donne de très grands avantages sur le plan de la précision des actions.

Nous conseillons de commencer très tôt les exercices concernant la tenue et la manipulation des rênes ; au sol, avec des rênes attachées à n'importe quel point fixe. L'idéal est

Variations de longueur des rênes :

1. – Tenue des rênes. Le fouet de la rêne gauche est tenu entre le pouce et l'index de la main droite.
2. – Pour raccourcir sa rêne droite le cavalier n'a qu'à faire pivoter cette main pour la mettre à plat.
3. – La faire glisser, toujours à plat , sur la rêne.
4. – A l'emplacement choisi, faire repivoter la main, pour retrouver instantanément par le simple effet de « lacet » la tenue de la rêne.

5. – Pour raccourcir la rêne gauche, attraper rapidement le fouet de cette rêne entre le pouce et l'index de la main droite, et mettre la main à plat.
6. – 7. – Mêmes opérations que précédemment pour la rêne droite.

que l'élève puisse travailler sur un cheval de bois, avec des rênes reliées à deux dynamomètres. Mais il est possible aussi d'effectuer ces exercices assis sur une chaise, avec des rênes attachées à un point un peu en-dessous de la hauteur des mains. Ensuite bien entendu, ces exercices doivent être réalisés sur et avec un cheval.

Exercice n° 12

Prendre les rênes au fond du creux de la base du pouce en gardant la main ouverte.

– Faire pivoter tout le bras pour se trouver dans sa position de travail. Tout le bras restant souple. Il est normal qu'en fonction des rotations de la main le coude en jouant souplement s'écarte ou se rapproche légèrement du corps. Surtout le laisser jouer librement sans être préoccupé par l'obsession du « coude au corps » qui répondait à la position du garde-à-vous militaire mais va à l'encontre de la sou-

Que le cavalier soit en équilibre ou assis, les mains doivent demeurer toujours sensiblement à la même distance des épaules en conservant les coudes ployés. C'est la longueur des rênes qui doit changer. Il en est de même quand le placer du cheval varie : les mains ne doivent pas bouger, le cavalier doit raccourcir ou laisser glisser ses rênes.

plesse des épaules et donc de l'efficacité des aides supérieures.

– Tenir entre le pouce et l'index d'une des mains le fouet de l'autre rêne. Cette habitude aura une grande importance par la suite. L'avantage réside dans le fait que le cavalier peut à n'importe quel moment raccourcir la rêne dont le fouet est tenu par l'autre main. Il en résulte une bien plus grande dextérité dans l'utilisation de ses aides supérieures. Tout étant question d'habitude, un cavalier prenant celle de toujours tenir un des deux fouets de rênes est mal à l'aise lorsqu'il ne le fait pas. Puisque des habitudes se prendront par la force des choses autant en prendre de bonnes.

– Régler les rênes en conservant ses mains en place de façon à avoir un contact léger avec la bouche du cheval (nous disons bien contact « léger », tel qu'un fil de soie y résisterait – ne pas confondre contact et tension).

Exercice n° 13

Augmenter ou diminuer la tension des rênes par simple rotation du bras.

Tout d'abord, sans *changer l'emplacement des mains* passer de l'ouverture maximale à la fermeture minimale. Ensuite prendre un contact et s'exercer à varier doucement la tension, soit en agissant les deux mains simultanément, soit alternativement.

Exercice n° 14

– Raccourcir ou allonger chaque rêne en décomposant le mouvement.

– Pivoter la main pour la mettre à plat.

– Glisser sur la rêne (en avant ou en arrière).

– Au nouvel emplacement choisi re-pivoter la main pour se retrouver en position de travail.

Bien entendu, si pour allonger les rênes la main peut toujours glisser en arrière, pour les raccourcir il faut impérativement tenir (ou tirer) le fouet de cette rêne entre le pouce et l'index de l'autre main. Il faut donc s'habituer à raccourcir rapidement à droite et puis à gauche (ou le contraire bien sûr) de façon à rendre ce geste instinctif, machinal, et donc instantané. Dans ce but, commencer ces exercices doucement puis peu à peu les réaliser plus vite jusqu'à ce que cette manipulation s'effectue à toute allure.

Exercice n° 15

Variations de longueur de rênes lorsque le cavalier change son positionnement sur le cheval, afin que la distance épaules-mains ne varie pas.

Le bras pour être souple doit toujours tomber naturellement. Ployer ensuite le coude à environ 90 ° ; les mains se trouvent alors à l'emplacement permettant au cavalier de travailler avec le maximum de précision et de souplesse.

Passer en équilibre en raccour-

Placement latéral à 90° de l'encolure. Le cheval une fois placé les rênes se détendent. Le cheval se « cognera » s'il veut redresser son encolure, mais il ne faut pas le « tenir » par une rêne tendue, cela engendrerait une contraction. C'est dans cette attitude que doit s'effectuer, à toutes les allures, le travail de musculation en incurvation.

cissant dans le même mouvement les rênes afin que les mains ne changent pas de distance par rapport aux épaules.

Ensuite reprendre l'attitude assise les mains restant toujours à la même place par rapport aux épaules ; donc les rênes glissent dans les mains pendant le mouvement pour retrouver leur longueur initiale.

Exercice à effectuer d'abord au pas. Suffisamment de temps pour qu'il devienne machinal. Alors le faire au trot et au galop.

Attention ! Si le cavalier lorsqu'il est en équilibre veut reprendre et ralentir son cheval il doit le faire sans redresser son buste, mais en restant dans la même attitude, et par des actions partant des épaules. Faire très attention à ceci, car de nombreux cavaliers pour reprendre redressent instinctivement leur buste. Dans ce cas le centre de gravité n'est plus dans la verticalité des étrivières et le cavalier va alors forcément tirer sur ses rênes comme un cavalier pratiquant le retrait du buste. L'élève doit donc :

- Rester en équilibre pour avoir la fixité de ses mains.
- Revenir d'un *seul mouvement* à l'attitude assise lorsque le cheval a ralenti et est redevenu très léger.
- Le jeune cavalier doit s'habituer à être dans l'une ou l'autre des attitudes (assise ou en équilibre) mais jamais « entre les deux ».

Exercice n° 16

A l'arrêt : ployer à environ 90 ° l'encolure du cheval et le conserver

ainsi *rênes détendues* ; redresser le cheval et recommencer.

Exercice fondamental pour automatiser les variations de longueur de rênes durant des courbes et pour tout le travail en incurvation. L'élève s'habitue aussi à ne pas tenir le cheval mais à lui imposer sa volonté.

Expliquons tout d'abord par quelle manipulation des rênes le contrôle latéral de l'encolure, et par voie de conséquence de la répartition de poids dans les épaules, devient facile. Pour tourner l'encolure il ne faut pas tirer sur la rêne. Il existerait alors le risque de provoquer une résistance contractant l'encolure. Il faut :

1) Avancer franchement (30 à 40 centimètres) la main du côté vers lequel on désire ployer l'encolure. Main à plat paume tournée vers l'extérieur.

2) Écarter cette main *perpendiculairement* à l'encolure. Le cheval ne peut donc résister. Dès qu'il tourne la tête la main décrit un rapide mouvement circulaire en glissant sur la rêne et dès qu'elle a franchi le garrot elle s'arrête et la pression de la base du pouce suffit à stabiliser la longueur de rêne obtenue. Le cheval entraîné par son mouvement a alors l'encolure ployée à 80, 90 ° (surtout ne pas dépasser). La longueur de la rêne intérieure doit alors être telle qu'elle reste détendue *mais* si le cheval veut redresser son encolure il doit se cogner sur la main et ne pas pouvoir le faire... Il y a un réglage de longueur de rêne extrê-

Mouvement semi-circulaire pour ployer souplement l'encolure sans risquer de résistance.
1. – Avancer la main à plat tournée vers l'extérieur.
2. – Commencer à écarter la main perpendiculairement à l'encolure pour entraîner le bout du nez du cheval.

3. – 4. – 5. – Celui-ci commençant à suivre la main, celle-ci glisse sur la rêne en effectuant un rapide mouvement semi-circulaire pour aller s'arrêter derrière le garrot.

6. – La main intérieure redescend derrière le garrot.

mement précis mais facile à réaliser avec un peu d'habitude.

Nous abordons ici un premier exemple de ce qui doit être un principe absolu : avoir un cheval totalement sous les ordres du cavalier MAIS en complète liberté musculaire. C'est le principe que nos anciens considéraient d'ailleurs comme le grand objectif de l'équitation ; la pratique du fameux « descente de mains, descente de jambes ». Cela signifiait : mettre le cheval dans une allure, un « air », un placer ; puis les jambes s'écartant et les mains en descendant détendant les rênes, le cheval doit cependant continuer sans rien changer à son placer ni à son allure. Or s'il faut appliquer ce principe dès le début du travail du cheval, faut-il aussi l'inculquer tout de suite aux jeunes cavaliers.

> ***Il faut essayer dès que faire se peut et à tous moments, des descentes de mains et de jambes.***
>
> ***Général Favrot de Kerbrech***

Il suffit pour l'apprendre aux chevaux d'utiliser ce que j'appelle le principe du cadre. Le cavalier met son cheval dans un certain placer, à une certaine allure, dans un certain équilibrage... et ensuite il détend ses rênes, conserve ses jambes non au contact. Les aides n'agissent plus mais sont très proches. Si le cheval veut sortir du cadre dans lequel son cavalier l'a mis, il doit se cogner sur la main, ou sur les jambes agissant sèchement. Lorsqu'un cheval s'est ainsi cogné un certain nombre de fois il comprend qu'il lui est interdit de changer quoi que ce soit à l'allure, l'équilibrage, le placer dans lesquels son cavalier l'a mis.

C'est pour cette raison que nous appelons cette manière de faire le principe du cadre ; le cheval apprenant aussi à rester tel que son cavalier l'a mis, travaille en totale liberté musculaire et donc avec la plénitude de ses moyens physiques.

Exercice n° 17

Cession de nuque.

A l'arrêt, donner une légère tension de rêne puis attendre jusqu'à ce que le cheval cède dans sa nuque. Laisser glisser les rênes ; caresser ; recommencer...

Prendre bien l'habitude de donner cette tension par rotation de la main, et non en tirant. Pour cela : fixer la main presque à plat sur une rêne juste détendue, puis en conservant la fixité de la main la faire pivoter pour donner (par donc une action indirecte) la tension souhaitée et ne plus bouger jusqu'à la cession du cheval.

Exercice n° 18

A l'arrêt, faire céder la nuque et conserver le cheval avec un chanfrein placé à 80-90 °.

Pour conserver un cheval placé il y a nécessité de prendre l'habitude lorsque le cheval cède d'*immédiatement,* disons même, car le mouvement doit le devenir, *instinctivement,* raccourcir les rênes sans changer l'emplacement des mains, de manière à ce que le cheval ne puisse plus rouvrir sa nuque sans se heurter à la main.

Marcher au pas en gardant le cheval dans le même placer. Attention : avec un cheval non encore suffisamment dressé, c'est au moment de partir au pas qu'il tentera de rouvrir sa nuque. Ceci pour une raison très logique : En ouvrant la nuque il reporte du poids sur ses épaules et se laisse entraîner par lui ; il évite ainsi de travailler par l'effort de son arrière-train.

> ***Au moment du départ... il faut avoir la sensation que ce sont les postérieurs qui poussent le cheval.***
>
> ***N. Oliveira***

Le cheval marchant au pas – nuque cédée et souple – l'élève doit « jouer avec la bouche ». Il doit s'habituer à obtenir la mobilisation de la mâchoire par des actions *ultra-légères* (bien souvent le seul poids de la rêne). Il est très important de donner à l'élève, dès le début de son instruction concernant les aides supérieures, le réflexe de jouer en *permanence* avec la bouche du cheval pour entretenir la mobilisation de la mâchoire et la souplesse de la nuque.

Il faut beaucoup répéter aux élèves que la main ne doit jamais être « morte », mais sans arrêt « vivante », employons presque le terme de « frétillante » pour mieux faire image.

Il faut bien faire comprendre que lorsque nous parlons d'une rêne détendue cela ne signifie pas flottante. Détendue veut dire que le cheval est « derrière » cette main, sans chercher le moins du monde à s'appuyer ni à résister à ses actions. Mais le cavalier, lui, ne cesse jamais, par d'infimes actions décontractives d'entretenir la souplesse.

Exercice n° 19

Apprendre à l'élève à demander le reculer.

Le reculer est l'allure la plus utile de l'équitation, sinon la plus importante.

En reculant, un cheval fait travailler tous les muscles abdominaux correspondant aux efforts exigés par l'engagement des postérieurs. Il assouplit son rein. Il s'habitue à reporter une grande partie de son poids sur ses hanches et à abaisser celles-ci pour permettre à la masse de venir au-dessus des postérieurs. Il apprend à respecter « l'opposition de la main ». Il comprend que les sollicitations impulsives des jambes peuvent signifier une demande d'allongement *si* les doigts s'ouvrent, mais que, dans le cas contraire, ces sollicitations demandent une augmentation de

> ***Il faut avoir la main immobile avec des doigts mobiles.***
>
> ***N. Oliveira***

l'engagement puis, au cas où elles se poursuivent, un mouvement de reculer (ou encore, lorsque le cheval est en mouvement, une accélération de la cadence).

Dès le début de son dressage – et de façon permanente par la suite – le cheval doit *beaucoup* pratiquer le reculer. Il est indispensable que l'élève apprenne tout de suite que ce mouvement se demande par une simple action des jambes, la main s'opposant au mouvement en avant. Le reculer ne doit jamais être demandé par une traction sur les rênes... ce que l'on voit encore assez souvent.

> ***La mobilité rétrograde, autrement dit reculer, est un exercice dont on n'a pas assez apprécié l'importance et qui cependant doit avoir une très grande importance sur l'éducation du cheval.***
>
> ***François Baucher***

Exercice n° 20

Alterner un nombre de pas précis en avant et un autre nombre précis de pas reculés. Entre chaque mouvement rester trois à quatre secondes immobile.

Travailler ces mouvements (par exemple : six pas en avant, quatre pas reculés, trois pas en avant, cinq de reculer, etc.) en veillant à conserver une totale fixité des aides. Intérêt de cet exercice : l'élève en cherchant à faire effectuer à son cheval un nombre de pas précis doit par la force des choses se concentrer sur « ce qui se passe en dessous de lui ». Il va sentir que ses ordres doivent être donnés avec une légère anticipation, faute de quoi le cheval dépassera le nombre de pas prévus, on s'arrêtera trop tôt si l'anticipation est trop grande. En s'efforçant de donner ses ordres par des actions de plus en plus légères, il s'habitue à travailler dans la finesse et comprend à quel point le cheval obéit à des actions infimes si elles sont clairement données.

Par ailleurs c'est un travail intéressant, donc distrayant, pour un élève puisqu'il lui pose un problème à résoudre.

Exercice n° 21

Marcher au pas, nuque cédée et effectuer *sur un rythme régulier* de petites flexions latérales ne dépassant pas 15 à 20 °.

La flexion latérale se demande par une action « latérale » de la main, et la petite tension destinée à entraîner le bout du nez doit cesser à l'*instant même* où le cheval donne le mouvement.

Exercice n° 22

Mêmes flexions latérales au petit trot.

Exercice n° 23

Idem au galop.

Nous indiquons cet exercice ici, mais dans la pratique il ne pourra s'effectuer que plus tard. Le cavalier ne peut en effet demander ces flexions que si son cheval reste au « petit galop », dans la légèreté, et nuque cédée.

Flexions latérales – ploiements alternés légers – 10 à 20° – en conservant le cheval droit.

Exercice n° 24 :

Extensions d'encolure

Nous englobons sous cette rubrique toute l'instruction nécessaire pour que l'élève apprenne à dresser son cheval, afin de pouvoir obtenir de lui, instantanément, et à toutes les allures, des extensions d'encolure. L'effet principal de ces extensions est qu'elles engendrent une automatique destruction de toute contraction, donc de toute résistance ; elles ont parallèlement un effet relaxant sur le psychisme du cheval. Par ailleurs, le cavalier pourra de temps en temps mettre son cheval en extension, mais jamais longtemps, car il ne saurait être question de travailler régulièrement un cheval dans une attitude lui apprenant à affaisser la base de l'encolure.

Il est inutile ici d'expliquer en détails un mouvement aussi simple et aussi connu que les extensions d'encolure. Toutefois il est important de savoir qu'elles doivent *toujours* se demander par des actions de mains *hautes*. Il est possible, bien entendu, d'en obtenir par simple décontraction de la mâchoire et action des jambes (provoquant peu à peu une extension vers le bas). Cette manière de procéder est celle enseignée officiellement : mais c'est à notre avis une erreur car alors on ne peut utiliser très rapidement cette extension pour détruire une contraction.

Point n'est besoin aussi d'être grand clerc pour comprendre l'impérieuse nécessité – si l'on veut un

1. – Légère tension dans un angle. Très élevé.
2. – Lorsque le cheval, par réaction, cherche à aller « vers le bas », laisser glisser les rênes.

3. – Le cheval comprendra vite. Dès qu'il sentira une tension haute il partira en extension d'encolure.

cheval soumis et généreux – de lui communiquer des ordres extrêmement clairs, précis, ne prêtant à aucune équivoque. Un cheval est un animal ; en cela il est possible de lui inculquer la compréhension d'un code, mais seulement si celui-ci est simple.

Or, que doit faire un cavalier demandant (au trot ou au galop) un ralentissement avec recul du centre de gravité du cheval ?

Opposition de la main avec actions décontractantes et demandes impulsives pour augmenter l'engagement.

Soit donc, à peu de chose près ce que d'aucuns font à d'autres moments pour solliciter l'extension de l'encolure. Comment veut-on que le cheval puisse comprendre quand de mêmes actions d'aides ont, selon les moments, des significations différentes ?

Donc il faut apprendre aux élèves à obtenir, conserver, l'extension d'encolure, mais la chose doit toujours être demandée par une simple élévation d'une ou des deux mains. C'est clair pour le cheval. A n'importe quel moment sur simple élévation rapide d'une main, le cavalier peut ainsi faire baisser l'ensemble du balancier.

LE CONTRÔLE LATÉRAL

Lorsque l'élève commence à acquérir une main vivante ; une main qui sait obtenir la cession de nuque, puis à entretenir la décontraction en mobilisant la mâchoire, il est temps de lui apprendre le contrôle latéral de la masse.

La chose est relativement simple et elle a des effets pédagogiques énormes. D'abord elle fait découvrir au jeune cavalier que « manier » la masse du cheval ne relève pas d'actions de force mais essentiellement des angles des rênes. Ensuite il ne peut en incurvation, ne pas sentir l'engagement du postérieur interne sous la masse et donc, commence à comprendre ce que signifient les mots « avancée des propulseurs sous la masse ». Enfin ce travail va considérablement l'aider à acquérir des « réflexes de pilotage ».

Expliquons-nous sur ce terme, peu employé en équitation et pourtant...

Vous êtes au volant d'une voiture sur une ligne droite. Lâchez complètement le volant ; que va-t-il se passer ?... La voiture continuera durant quelques secondes sur sa trajectoire puis celle-ci aura tendance à s'infléchir à droite ou à gauche. Si le conducteur ne fait rien il se retrouvera très certainement dans un champ de blé ou de betteraves. Donc si le conducteur ne faisait rien il sortirait fatalement de la route.

Or... quand vous êtes au volant sur une ligne droite, votre voiture continue bien droit sans sortir de la route. C'est donc que vous, conducteur, faites quelque chose pour maintenir rectiligne cette trajectoire. Que faites-vous ?... Je vous défie de le dire ! Le conducteur d'une voiture écoute la radio, jette un coup d'œil sur le paysage, bavarde avec son voisin, pense à tout autre chose qu'à la conduite de son véhicule ; les infimes mouvements qu'il effectue pour maintenir rectiligne sa trajectoire sont absolument machinaux ; ce sont des réflexes de pilotage.

Le cavalier doit acquérir ces mêmes réflexes, à l'instar du conducteur de voiture ou du pilote aéronautique. Sans *cet infime mais incessant contrôle latéral* le cheval sera rarement absolument droit ; et il est nécessaire qu'il le soit. Non par purisme, par esthétisme, mais parce que si un cheval n'est pas absolument droit cela signifie que ses épaules ne sont pas exactement

> ***Une des plus grandes difficultés de l'art équestre est d'obtenir et de conserver sans cesse le cheval bien droit d'épaules et de hanches.***
> *Général Favrault de Kerbrech*

devant ses hanches, donc qu'il n'est pas parfaitement tendu, et fatalement de graves problèmes vont se poser.

Nous verrons plus tard quels exercices peuvent être conseillés pour acquérir ces réflexes. Pour l'heure voyons le travail du contrôle latéral de la masse. Mais avant de l'expliquer sur le plan pédagogique, il est bon d'en expliquer l'intérêt concernant le dressage et le travail du cheval.

■ Contrôle des épaules

Un cheval est une masse reposant sur un polygone de sustentation. En fonction des mouvements à effectuer le cavalier doit pouvoir contrôler ou changer la répartition du poids sur ce polygone.

Dans le sens longitudinal c'est ce que nous avons appelé l'« équilibrage ». Ce terme est employé maintenant très officiellement, alors qu'il y a seulement quelques années il n'était jamais parlé que d'équilibre. Nous reprochions à ce terme d'engendrer le risque d'une mauvaise compréhension. Il n'existe pas *un* bon équilibre, ou alors il faudrait toujours ajouter « pour *tel* mouvement » puisque l'équilibre doit être réglé différemment selon le mouvement que l'on désire demander au cheval.

Pour cette raison, il nous semblait plus approprié d'employer le mot « équilibrage » (équilibre à un moment donné) qui implique donc des variations constantes de celui-ci.

Donc l'équilibrage est l'acte de doser la répartition de poids entre l'avant-main et l'arrière-main.

Mais il est aussi nécessaire pour le cavalier de pouvoir déplacer la masse sur son polygone de sustentation latéralement et donc d'avoir ainsi le contrôle des épaules.

La chose est facile, très facile même ; encore faut-il la travailler.

Il s'agit pour le cavalier de pouvoir à tout moment faire passer du poids de l'épaule gauche sur l'épaule droite et inversement.

Nous allons travailler sur une courbe et donc transférer le poids de l'épaule intérieure sur l'épaule extérieure. Dans cette deuxième éventualité, cela s'appelle... l'épaule en dedans ; non pas dans son exacte forme académique, mais bien dans son principe puisque le cheval travaille alors incurvé sur deux pistes.

Bien que cela n'appartienne pas à notre spécialité et que nous ne soyons pas qualifiés pour en juger, nous nous étonnons que l'épaule en dedans soit devenue en équitation académique un « air » car il s'agit essentiellement, et c'est en cela qu'il nous est utile, d'un exercice.

En tant que tel, il est d'une simplicité biblique à réaliser si du moins nous respectons certains principes. Il est tellement simple qu'il est loisible de l'enseigner à un débutant n'ayant que quelques jours d'équitation.

Le principe fondamental est que le cheval travaille en totale décontraction, donc sans tension de rênes qui engendrerait une contraction ayant forcément (même si elle est légère) des répercussions sur les hanches.

Le premier préalable est le ploiement de l'encolure.

Dans la pratique, c'est d'ailleurs le problème le plus difficile pour nombre de cavaliers *car il ne s'agit pas de tenir grâce à une tension de la rêne l'encolure ployée, mais de mettre le cheval dans cette attitude et de veiller à ce qu'il y reste de lui-même.*

La chose est très facile ; elle ne demande que quelques minutes si le cavalier fait exactement ce qu'il faut.

Nous avons déjà écrit le mouvement à exécuter dans l'exercice n° 16 mais, compte tenu de l'importance fondamentale de ce travail, n'hésitons pas à reprendre l'explication pour le ploiement aux allures.

Décortiquons le mouvement, la chose est nécessaire, afin de bien l'exécuter. Il est d'une importance capitale, nous le retrouverons tout au long du travail du cheval, y compris en parcours devant certains obstacles.

Tout d'abord le ploiement de l'encolure doit être de 70 à 90°. Pourquoi une incurvation aussi forte ? Deux raisons : d'abord, nous le verrons plus loin, nous allons pouvoir ainsi placer mécaniquement parlant le poids sur l'épaule extérieure sans aucune difficulté ; deuxièmement, parce que encore une fois, sous cet angle, le cheval *ne peut* opposer de résistance.

Si une encolure est ployée de seulement 30 à 40°, le cheval peut travailler ainsi fort bien, d'ailleurs par la suite dans de nombreux cas nous le placerons de cette façon.

Mais n'oublions pas cependant que dans cette attitude le cheval a la possibilité physique, s'il le désire, de nous opposer une résistance en utilisant son poids pour s'appuyer sur la main, le danger à toujours éviter. En revanche, avec une encolure ployée sous un angle de 70 à 80° le cheval *ne peut plus* s'appuyer ; sa force pour éventuellement tenter de redresser son encolure étant pratiquement nulle. Là encore, l'angle a une importance énorme puisqu'il conditionne les possibilités de résistance du cheval.

Lorsque celui-ci sera habitué, le moindre petit pivotement du poignet vers l'intérieur suffira pour ployer l'encolure, mais dans les premiers temps, attention de ne pas agir par une action de rêne directe susceptible d'engendrer une contraction. La décomposition du mouvement est en quatre temps :

● La main du cavalier du côté où il veut ployer l'encolure va se poser à plat à l'intérieur de la rêne et très en avant.

- La main s'écarte latéralement entraînant donc le bout du nez du cheval.
- Dès que la tête du cheval commence à venir, la main continue son action en effectuant un mouvement semi-circulaire et *en laissant glisser la rêne* jusqu'à ce que la main ait dépassé le garrot du cheval. A ce moment, la base du pouce se resserre pour arrêter le glissement de la rêne.

La longueur de celle-ci correspond donc alors très exactement à la distance existant entre la bouche du cheval dans l'attitude où l'on a placé celui-ci (ploiement entre 70 et 90°) et la main du cavalier, fixe, *de l'autre côté* du garrot.

- *Les mains descendent pour laisser les rênes se détendre.*

Espérons que nous nous sommes bien fait comprendre. Ce mouvement est enfantin à montrer, mais il est plus difficile de le décrire dans un texte.

L'avancée de la main permettant au départ de l'action d'agir sur une rêne courte a deux raisons. L'angle latéral de la rêne par rapport à l'axe de l'encolure est plus grand quand la main s'écarte ; le bout du nez du cheval vient donc tout naturellement sur cette légère traction.

Par ailleurs, comme l'importance de la longueur de la rêne, une fois le cheval dans son attitude incurvée, est grande, et qu'il serait difficile de l'évaluer à l'avance, il est plus aisé de laisser glisser cette rêne, courte au départ du mouvement, jusqu'à l'instant où sa longueur correspondra avec la nouvelle attitude du cheval.

Mais ce qui est capital à ce moment, c'est la détente immédiate de la rêne. En effet, si celle-ci demeure tendue, le cheval prendra un appui latéral sur elle ; il y aura contraction et il y a risque de sentir les hanches chasser. C'est sur ce point que nos conseils diffèrent profondément de ce qui est appris généralement. Nos résultats sont bien meilleurs et d'une facilité dérisoire à obtenir.

Pour la pratique du travail sur deux pistes, il est normalement enseigné d'incurver l'encolure (moins fort cependant que nous le conseillons) *et* d'utiliser la jambe, soit intérieure pour incurver l'ensemble, soit extérieure, en retrait, pour maintenir les hanches, soit les deux en même temps.

La chose est normale car, si le cheval s'appuie, il y a les plus fortes chances que les hanches se mettent à chasser vers l'extérieur.

Or nous nous sommes rendu compte que, pour la quasi-unanimité des chevaux – hors quelques très rares cas ayant pour origine des problèmes morphologiques –, les hanches *restent toujours à leur place* si le cheval travaille uniquement de lui-même en totale liberté musculaire, donc en parfaite décontraction.

Ainsi, pour tout ce travail nous ne nous servirons pas de nos jambes, sauf si besoin est, pour maintenir l'impulsion.

L'objectif est que le cheval reste avec son encolure ployée, de lui-même, sans tension de rêne.

C'est là le problème qui bien

qu'extrêmement facile à résoudre est souvent mal réalisé par nombre de cavaliers.

Les premiers temps, lorsque le cavalier ploie ainsi fortement l'encolure de son cheval, celui-ci instinctivement a tendance à vouloir revenir à son attitude normale. Si alors le cavalier résiste... il y a tension, contraction, etc.

Il ne faut pas résister !

Le cheval voulant redresser son encolure doit seulement se cogner sur la main. C'est le principe du cadre dont nous avons déjà parlé.

Voyons bien le détail du mouvement. L'encolure est ployée à environ 90°, la rêne est détendue, flottante, mais la main de l'autre côté du garrot est fixe. Si le cheval veut redresser son encolure, il va forcément tendre cette rêne intérieure. Si son mouvement est brusque, il se cognera, mais s'il est lent, il viendra jusqu'au contact, contact qui pourra, si la main résiste, se transformer en appui.

Il faut donc au moment même où le cheval commence à redresser son encolure que le cavalier par une rapide et brève rotation de la main augmente le choc sur la commissure des lèvres. Le cheval a alors bien le sentiment d'avoir lui-même par son mouvement provoqué ce choc. Presque tous les chevaux, dès qu'ils se sont ainsi cognés sèchement cinq ou six fois, comprennent l'inutilité de leur tentative, et à partir de ce moment restent d'eux-mêmes ployés sans plus chercher à changer d'attitude. C'est simple, facile, il suffit d'acquérir l'habitude de ce petit mouvement de rotation tout en conservant la fixité de la main.

Durant ce ploiement de l'encolure, la main extérieure doit s'écarter en laissant glisser la rêne à la demande, de façon à ce qu'à l'instant précis où l'encolure du cheval se trouve ployée à 80-90°, les deux mains formant le couloir des rênes soient prêtes à résister et à empêcher tout report de poids sur l'épaule intérieure.

Reprenons notre travail. Notre cheval a son encolure ployée à environ 80° et nous avons déplacé le couloir de nos rênes en conséquence.

Autrement dit, la main extérieure s'est écartée et abaissée, celle intérieure s'est placée de l'autre côté du garrot. A partir de ce moment, nous allons travailler *par rapport* à la bouche du cheval avec un couloir de rênes formant presque un angle droit par rapport à l'axe de notre corps. Les rênes sont détendues, le cheval reste de lui-même dans cette attitude, et nous nous sommes engagés au pas sur une courbe d'environ 10 mètres de diamètre.

Continuons d'abord ainsi quelques mètres, puis nous allons reporter le poids de l'avant-main d'une épaule à l'autre. A l'intérieur d'abord. Il suffit pour cela de déplacer le couloir des rênes.

Points importants :

● Les deux mains se déplacent simultanément en conservant toujours entre elles le *même écartement*.

Ploiement à 90° de l'encolure. Sur la légère opposition latérale le cheval obéit en restant derrière la barrière des mains. Les rênes sont fluides. Le cheval décontracté reporte son poids sur l'épaule extérieure obligeant ainsi un plus grand engagement du postérieur interne.

● Le mouvement doit être ample, disons, jusqu'au bout des manettes. Ceci autant pour la clarté des ordres donnés au cheval que pour la création chez le cavalier des réflexes de pilotage.

Par la suite, avec un cheval dressé le mouvement sera infime, pratiquement invisible pour un observateur extérieur ; mais n'hésitons pas au début à avoir des actions amples.

● La rêne doit toujours glisser dans la main extérieure. Sinon sans s'en rendre compte le cavalier effectue des tractions qui redressent l'encolure du cheval. Quand il s'agit de faire reporter du poids sur l'épaule intérieure, l'effet mécanique de la rêne extérieure résulte simplement de l'appui sur l'épaule. Mais surtout n'oublions pas que l'effet d'une rêne d'appui est uniquement d'ordre psychique. C'est seulement le contact de la rêne qui fait réagir le cheval, et non on ne sait quelle action de force. Car dans ce cas, malheureusement fréquent, beaucoup de cavaliers en voulant « appuyer » plus fort se mettent automatiquement à tirer le bout du nez vers l'extérieur.

● Le déplacement du couloir s'effectue sur un axe semi-circulaire par rapport à la bouche du cheval. La main intérieure devant toujours rester à la même distance de cette bouche afin de s'opposer si le cheval cherchait à redresser son encolure.

Dès le déplacement du couloir vers l'intérieur, *tous* les chevaux reportent leur poids sur l'épaule intérieure. Ils tombent littéralement sur cette épaule. Au point que si la demande est bien faite, un cheval, au pas, se trouvant initialement sur une courbe de 5 mètres de rayon, effectue soudain une volte d'à peine 2 à 3 mètres de diamètre.

● Remettons le couloir de nos rênes à sa place initiale, le cheval reprend sa courbe normale.

Maintenant, renvoyons le poids sur l'épaule extérieure.

De nombreux cavaliers reportent pour cela le couloir des rênes vers l'extérieur, cherchant instinctivement à « pousser » l'épaule par l'appui de la rêne intérieure. Ce n'est pas du tout cela, car alors que se produit-il ? Si l'épaule ne vient pas, le cavalier cherche, comme nous venons déjà de le dénoncer, à augmenter la force de son appui ; la rêne se tend et effectue une traction sur l'anneau du filet ; l'incurvation de l'encolure augmente, et celle-ci n'est plus ployée mais tordue ; contraction, résistance, plus rien ne passe...

L'obtention du report de poids sur l'épaule extérieure est beaucoup plus simple à obtenir.

Il s'agit seulement d'effectuer une opposition au mouvement en avant par *rapport à la bouche du cheval,* c'est-à-dire latéralement.

Ah ! comme il est difficile d'expliquer les choses par écrit, alors qu'elles sont tellement simples à montrer !

Imaginons que notre cheval est incurvé à gauche – son bout de nez est donc tourné de 80°, et il marche sur une courbe à gauche.

Le cavalier effectue alors une opposition à son mouvement - opposition égale de deux rênes, faute de quoi il changerait l'attitude de l'encolure - et opposition par rapport à la bouche, donc sous un angle de 80° vers la droite du cavalier.

Le cavalier arrête ainsi le déplacement du cheval vers la gauche, mais si les jambes veillent à maintenir l'allure, il faut bien que la poussée des postérieurs trouve une issue ! Le cheval ne pouvant plus aller vers la gauche va reporter son poids sur l'épaule extérieure, pour continuer en ligne droite.

Ainsi rien ne change dans l'attitude du cheval - le ploiement de l'encolure reste exactement le même -, l'opposition est d'une infime légèreté et cesse dès l'obéissance du cheval, celui-ci demeure donc en complète décontraction.

Ce mouvement peut normalement se demander en tenant les rênes simplement pincées entre le pouce et l'index. Nous conseillons même au début de le travailler ainsi pour mieux sentir à quel point les actions doivent être légères, sinon les premiers temps les cavaliers ont tendance à chercher à agir en force, ce qu'il ne faut absolument pas.

Encore une fois, il s'agit d'une question d'angle. Pour mieux nous faire comprendre faisons une comparaison. Un cheval marche au pas, en ligne droite, son cavalier tenant ses deux rênes entre pouce et index effectue des deux mains simultanément une légère opposition, le cheval s'arrête...

Eh bien, pour renvoyer le poids de l'avant-main sur l'épaule extérieure d'un cheval sur la courbe, il s'agit de la même opposition, mais comme elle s'effectue par rapport à la bouche du cheval, elle s'effectue donc à 80 ou 90° sur le côté. Cette opposition arrête alors le mouvement sur la gauche (toujours dans l'hypothèse d'une incurvation à gauche) mais n'a aucun effet sur la poussée motrice. En général, les jambes n'ont même pas à intervenir. Mais, bien sûr, il *faut* que cette poussée motrice continue, faute de quoi il n'y aurait plus de mouvement possible.

La masse en mouvement du cheval ne pouvant plus se porter sur la gauche va automatiquement partir sur la droite, provoquant le report de tout le poids de l'avant-main sur l'épaule extérieure.

Donnons une indication dans le cas où le cavalier rencontre une résistance du cheval. Ceci est en général uniquement le fait de tout jeunes animaux. En dépit de l'opposition ils cherchent à continuer leur mouvement vers la gauche, ils vont donc tirer.

Cela peut aller jusqu'à une tension très forte de la rêne. Non parce que le cavalier tire de son côté, mais parce qu'il résiste à une forte traction. Dans ces cas-là, il est utile de déplacer le poids du corps pour aider le passage du poids sur l'épaule extérieure. L'objectif est de *faire comprendre* au cheval que sur cette opposition il doit transférer son poids à l'extérieur, donc sur un jeune cheval, dès qu'il y a le moindre report, même léger, il faut arrêter, récompenser beaucoup... et recommencer. Normalement en deux ou trois jours le cheval aura compris ce que l'on attend de lui, et le mouvement s'effectuera dans la légèreté.

Quels sont les avantages de ce travail ? Multiples !

Et d'abord pour les cavaliers en ayant besoin, leur donner ces réflexes de pilotage latéraux que ne possèdent pas un grand nombre de cavaliers, même confirmés. Un exemple :

Prenons-le sur un terrain de saut d'obstacles, donc avec des cavaliers d'un niveau très supérieur à la moyenne. Un cheval galope en ligne droite ; soudain, sentant la présence de la porte du paddock, il commence à se dérober vers cette sortie. Que fait son cavalier ? Dans au moins huit cas sur dix son réflexe, si le cheval cherche à aller vers la droite, sera de tirer sur la rêne gauche. Exactement le contraire du bon réflexe de pilotage.

En effet, ce cavalier peut tirer tant qu'il le voudra. Il tordra l'encolure vers la gauche, oui ! mais cela n'empêchera pas l'épaule et toute la masse du cheval de partir vers la droite. La seule ressource sera alors de l'arrêter.

C'est l'*épaule* qui compte, non l'encolure. C'est par un déplacement de tout le couloir des rênes, en conservant l'encolure rectiligne ou même en la tournant vers la *droite* et en effectuant une opposition latérale que le cavalier pourra essayer de tenir l'épaule.

Les exercices consistant en incurvation à faire passer le poids de l'épaule intérieure à l'épaule extérieure par un simple déplacement du couloir des rênes vont, s'il les répète souvent, donner au jeune cavalier ces fameux réflexes de pilotage.

Précisons d'ailleurs qu'ils ont essentiellement cet objectif comme finalité. Dès que ces réflexes sont acquis par le cavalier il n'y a plus d'intérêt à faire tomber le poids sur l'épaule intérieure, le cheval ne travaille pas utilement, et c'est un réflexe qu'il n'a que trop naturellement.

Pour le cheval, le travail consistera à passer d'un équilibrage latéral normal, c'est-à-dire avec une répartition de poids égale entre les deux épaules, à un report sur l'épaule extérieure, puis à revenir au centre ; renvoyer le poids sur l'épaule extérieure, revenir au centre ; etc.

Ce travail est extrêmement bénéfique et important. Pour quelles raisons ?

D'abord parce qu'il est la base même du développement musculaire.

Quand un cheval en mouvement a une encolure ployée entre 70 et 90°, il est mécaniquement obligé d'avancer très fort son postérieur interne. Depuis des siècles l'*épaule-en-dedans* a surtout été utilisée à des fins d'assouplissement. Ce sont les Allemands qui depuis une trentaine d'années s'en sont systématiquement servis pour

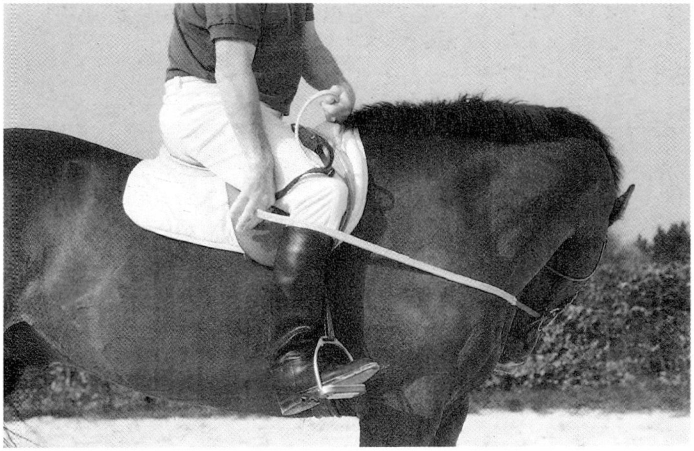

Si le cheval cherche à ouvrir sa nuque, seule une main extérieure très basse permet de l'en empêcher. Cette main peut être en arrière de la jambe (1) ou à hauteur de l'épaule mais le cavalier doit alors se mettre en équilibre (2).
Comme il y a tension de la rêne extérieure tant que le cheval n'a pas cédé, la rêne intérieure doit avoir une tension exactement égale. Sinon, une tension de la seule rêne extérieure aurait pour effet de redresser l'encolure.

développer la musculation du cheval. Ils ont eu raison et il serait enfantin de ne pas en faire autant sous le prétexte de ne pas « copier les Allemands ». Initialement c'est bien M. François Robichon de La Guérinière, écuyer de Sa Majesté le roi de France Louis treizième du nom, qui a découvert l'épaule-en-dedans. C'est donc un prêté pour un rendu. Bien entendu, plus avec cette encolure ployée, le cheval doit effectuer une courbe serrée, plus il doit engager son postérieur interne, et l'effet est plus intense au trot qu'au pas, et au galop qu'au trot.

Deuxième avantage, le cheval s'habitue à déplacer son poids d'une épaule sur l'autre à la moindre demande du cavalier, celui-ci aura donc une très grande facilité pour veiller en courbe à ce que l'épaule demeure toujours devant les hanches et à rattraper « en réflexe » une épaule ayant tendance, soit à tomber à l'intérieur, soit à chasser vers l'extérieur.

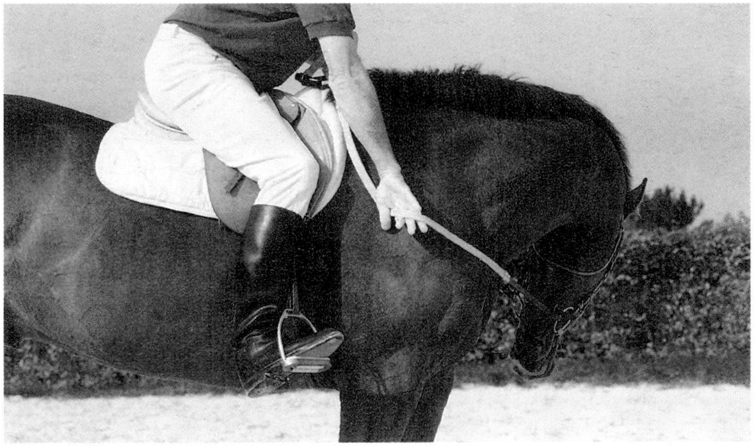

Précisons le rôle de la rêne extérieure durant tout ce travail. Elle doit toujours agir de la même façon que la rêne intérieure. Donc elles peuvent être détendues toutes les deux – ce sera d'ailleurs souvent le cas – mais s'il y a tension, celle-ci doit être exactement la même des deux côtés faute de quoi le ploiement de l'encolure varierait.

Enfin, nous ne l'avions pas encore précisé, tout ce travail ne peut s'effectuer *que si* la nuque a cédé souplement.

Sur un cheval ayant la nuque ouverte aucun mouvement ne passera car il y aura contraction dans toute la ligne dorsale. Or la main intérieure ne peut faire grand-chose pour obtenir la cession de nuque hormis jouer avec la bouche pour inciter à la décontraction de la mâchoire mais c'est tout. En revanche en descendant la main extérieure le plus bas possible, elle se trouve alors sensiblement à la même hauteur que la bouche du cheval. En effectuant alors une tension des deux rênes, très facilement, disons même mécaniquement, nous faisons céder complètement la nuque.

En tournant incurvé, le cavalier se retrouve au sortir de toutes les courbes avec un cheval engagé, alors que si dans une courbe l'épaule tombe à l'intérieur, il y a forcément ouverture du polygone de sustentation, et le cheval se retrouve à la fin de cette courbe désengagé. L'avantage en parcours est donc évident et extrêmement grand.

Mais parfois au stade de l'exécution, en parcours, par exemple, la mise en incurvation avec renvoi de poids sur l'épaule extérieure se heurte à une résistance du cheval.

Précisons bien, car cette chose aussi est souvent mal comprise, que ce report de poids sur l'épaule extérieure lors de la mise en incurvation est nécessaire. Un cheval trotte ou galope en ligne droite. La répartition de son poids est égale sur les deux épaules. S'il tourne son encolure, il s'ensuit un déséquilibre qu'il faut compenser, sinon l'épaule va tomber à l'intérieur ; d'autant plus que le cheval d'instinct aura tendance à laisser son poids se porter du côté où il tourne. Ceci pour la seule et bonne raison qu'ainsi il n'est pas obligé d'engager ses postérieurs et fait donc moins d'efforts. N'oublions pas que le cheval ne partage pas nos objectifs et n'éprouve pas le besoin de faire des efforts gratuits afin de mieux développer ses muscles comme le fait un athlète.

Il va naturellement, et on ne peut le lui reprocher, au moins fatigant. Donc, pour que le cheval tourne en incurvation en conservant bien ses épaules devant ses hanches, il *faut,* juste avant, ou quand il s'engage sur la courbe, qu'il effectue un déplacement de poids sur l'épaule extérieure. Ce geste doit devenir pour lui un réflexe. Cela est facile à condition, et nous revenons au problème dont nous avons parlé précédemment, que le cavalier travaille avec rigueur.

Une grande majorité d'entre eux effectuent bien par moments du travail en incurvation, mais le reste du temps chaque fois qu'ils changent de direction ils ne se soucient que peu, beaucoup trop peu, d'incurver pour le faire. Alors très normalement le cheval en profite pour laisser tomber son poids sur l'épaule intérieure. Or si par moments nous tournons d'une certaine façon, mais à d'autres d'une manière différente, jamais nous ne créerons chez l'animal un réflexe conditionné.

Tandis que si le cavalier a la

1. – Exercice n° 25 : le cheval marche droit, au pas, avec une encolure ployée de 80/90°.

rigueur de ne *jamais* changer de direction, fût-ce de 30°, sans incurver puis désincurver en sortie de courbe, réfléchissez à ce qui se passe !

Si un cavalier travaille dans une carrière une heure de temps, combien de fois va-t-il changer de direction ? 200 à 300 fois.

Donc si le cavalier s'impose la rigueur de toujours incurver avec report de poids sur l'épaule extérieure et désincurver en ramenant une égale répartition sur les deux épaules, cela chaque fois qu'il change de direction, en moins d'une semaine le cheval aura effectué ce mouvement plus de 2 000 fois !

C'est tout ! Et aussi simple que cela. En moins de deux semaines le réflexe conditionné est créé. Le cheval ne conçoit plus de tourner autrement, et le cavalier n'utilise plus que des demandes infimes dans toutes les courbes avec un cheval engageant ses postérieurs sous sa masse.

Signalons également l'effet de musculation de ce permanent travail.

Exercice n° 25

Au pas : Marcher d'abord bien droit avec un couloir de rênes assez large – Le cheval doit être en cession de nuque.

– Ployer l'encolure de 80 à 90° par *déplacement* du couloir. Par la suite le mouvement se demandera plus sobrement mais les premiers temps le jeune cavalier doit s'habi-

tuer à ce déplacement du couloir ; les mains restant toujours dans la même position par rapport à la bouche du cheval. Les deux mains se trouvent alors obligatoirement de *l'autre côté du garrot* (si l'encolure est ployée vers la droite les deux mains sont *basses* et à gauche du garrot).

– En effectuant ce déplacement de 90° du couloir se mettre en même temps en opposition pour empêcher le cheval de partir sur la courbe.

– L'objectif est de continuer à marcher *parfaitement droit* – les épaules exactement devant les hanches, MAIS, avec une encolure ployée ainsi de 80 à 90° et nuque cédée. Durant ce travail il faut en permanence entretenir la décontraction en jouant avec la bouche du cheval.

– Les jambes n'ont pas à intervenir, sauf si en raison de l'avancée du postérieur que ce mouvement oblige, le cheval cherchait à ralentir ou à s'arrêter.

– L'opposition latérale, 90° par rapport à l'axe de la marche, renvoyant le poids nécessaire sur l'épaule extérieure pour continuer en ligne droite doit être (ou devenir s'il y a eu résistance au début du mouvement) extrêmement légère.

Faire ce mouvement des deux côtés naturellement.

Exercice n° 26

Même mouvement au petit trot.

Exercice n° 27

Marcher droit au pas. Ployer l'encolure de 80-90° par déplacement du couloir mais laisser le cheval s'engager sur une courbe d'environ 10 mètres de diamètre.

– Déplacer le couloir au maximum de la longueur du bras intérieur, vers l'intérieur de la courbe.

Attention ! Les mains se déplacent sans agir sur la bouche – celle intérieure prête seulement à réagir si le cheval cherche à redresser son encolure ; cette réaction doit être instantanée car si le cheval redresse même un peu l'encolure, le mouvement n'a plus de signification. Attention aussi de rapprocher la main extérieure de façon que cette rêne *touche* l'épaule mais surtout en la laissant flottante – s'il se produit la moindre tension de la rêne extérieure à ce moment-là, le cheval redressera tout de suite son encolure.

Ce déplacement de couloir effectué, le cavalier ne *bouge plus*. Si le mouvement a été correctement exécuté, dans les deux à trois secondes suivantes le cheval reportera tout son poids sur l'épaule intérieure, et tournera donc presque sur place.

– Le cavalier reprend après quelques instants la position initiale de son couloir (en veillant toujours bien à ce que l'encolure conserve le même ploiement) ; et le cheval rétablira le poids entre ses deux épaules pour reprendre sa courbe de 10 mètres de diamètre.

– Avancer alors légèrement les mains et effectuer une opposition à 90° vers l'extérieur, par une tension de rênes strictement égale. Le cheval reportera alors son poids sur l'épaule extérieure de façon à marcher en ligne droite.

Continuer ce mouvement des deux côtés en faisant passer par des actions de plus en plus légères le poids de l'épaule extérieure à l'épaule intérieure et *vice versa*.

Exercice n° 28

Au trot – Marcher droit – Ployer l'encolure comme dans les exercices précédents – Effectuer des courbes régulières d'une dizaine de mètres de diamètre – De temps en temps reporter le poids sur l'épaule extérieure, puis reprendre la courbe, etc.

Le cavalier va ainsi sentir que lorsque son cheval a l'encolure ainsi ployée, il peut lui faire effectuer les courbes qu'il désire – 6, 8, 12, 15 mètres de diamètre... et plus, jusqu'à la ligne droite... simplement en variant la répartition du poids entre les deux épaules. Et ce par de légers déplacements du couloir des rênes, sans aucune tension sur la bouche. Plus le cheval reporte du poids à l'intérieur plus il tournera serré, plus il en reportera vers l'extérieur plus il agrandira le diamètre de sa courbe, jusqu'à la ligne droite... et même plus si le cavalier le veut.

Attention d'incurver en respectant l'ordre chronologique suivant :

1) Ployer l'encolure de 80-90°.

2) Faire reporter par le cheval

2. – Exercice n° 26 : même mouvement au trot.

un certain poids sur son épaule extérieure de façon à l'empêcher de partir sur sa courbe.

3) Le laisser *alors* s'engager sur la courbe.

Mais si le cavalier laisse son cheval commencer à partir sur la courbe *avant* d'avoir reporté du poids sur l'épaule extérieure, le cheval « tombera » vers l'intérieur et par voie de conséquence se désengagera.

Bien entendu, très vite, les trois opérations se font simultanément car le cheval prend l'habitude de reporter de lui-même du poids sur son épaule extérieure en même temps qu'il ploie son encolure.

– Pour la désincurvation, il faut arrêter le bout du nez du cheval dès qu'il se trouve dans la direction que l'on veut prendre et en terminant la courbe tout le corps du cheval vient se remettre droit. Le cheval bénéficie alors de tout l'engagement provoqué par la courbe.

Il ne faut jamais remettre le cheval droit en ramenant l'encolure devant la ligne épaules-hanches. Ce brusque déplacement des quelque 60 kilos de l'encolure risque d'engendrer une dissymétrie dans la répartition du poids entre les deux épaules, et provoquera immanquablement une diminution de l'engagement sous la masse.

Exercice n° 29

Au galop : Ligne droite. Mise en incurvation, toujours en respectant l'ordre chronologique que nous avons indiqué. Une volte régulière de 8 à 10 mètres de diamètre (plus la volte est serrée meilleur sera le travail). Désincurver pour reprendre la ligne droite,... nouvelle volte, etc.

Les premiers temps ne pas faire plus de trois à quatre voltes successives sans donner une courte récréation car ce travail exige un gros effort musculaire du cheval.

Faire bien entendu ce travail aux deux mains.

Exercice n° 30

Serpentine au trot. Incurver, partir sur la courbe, redresser tel que nous l'avons expliqué, incurver de l'autre côté, etc.

Pour ce travail, ne pas ployer l'encolure à 80-90° mais seulement en fonction du diamètre de la courbe que l'on veut effectuer. L'objectif est de garder tout le temps son cheval DROIT ; donc rectiligne en ligne droite, ployé sur la courbe en fonction du rayon de celle-ci.

Exercice n° 31

Travail en recherchant une précision totale dans la géométrie des mouvements. Bien se persuader que si le cavalier a décidé de passer en un point précis et qu'il s'en écarte, fût-ce de 50 centimètres, c'est l'anarchie ! La chose implique qu'il n'a pas le parfait contrôle de ses évolutions et qu'il n'a pas de bons réflexes de pilotage. Là encore, ce n'est aucunement une réaction de puriste, mais dans la logique d'une recherche de la meilleure équitation possible. Contrôler les évolutions de son cheval avec une extrême rigueur c'est se donner par la force des choses les nécessaires réflexes de pilotage mais c'est aussi donner au cheval le sentiment qu'il est « cadré », « contrôlé », et cela l'incite à ne plus flotter au cours de ses évolutions comme le font tant de chevaux.

L'idéal pour s'habituer à travailler de façon parfaitement géométrique serait une carrière, sur laquelle avec un matériau à étudier, seraient dessinées des lignes droites, des courbes de toute une gamme de diamètres ; mais seul un centre possédant les moyens de l'École nationale en France pourrait réaliser cet idéal qui serait certainement extrêmement bénéfique sur le plan pédagogique. Mais il est possible à chacun de jalonner le sol de petits repères précisant le tracé voulu.

Voici un exemple de ce travail : Deux demi-voltes séparées par une ligne droite de 7 à 8 mètres.

- Mettre d'abord le mouvement en place au pas puis l'effectuer au trot.
- Arriver droit dans le couloir central.
- En A ployer l'encolure à 80-90° en continuant sur la ligne droite.
- En B partir sur le tracé *exact* de la courbe.
- En C (tout en conservant le même ploiement d'encolure), par

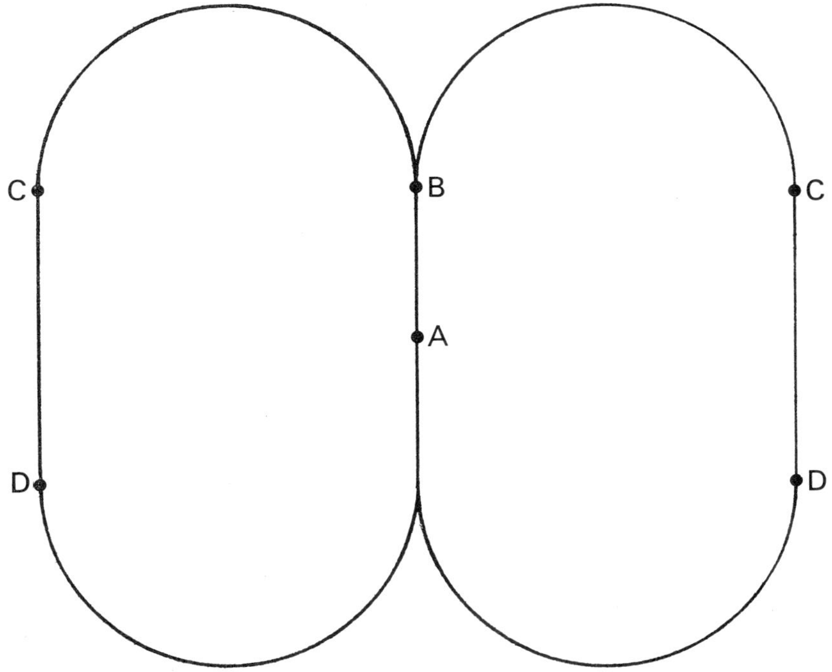

un report de poids sur l'épaule extérieure continuer en ligne droite.

- En D reprendre la courbe.

- Dès que le chanfrein du cheval arrive dans l'axe AB, garder la tête dans cet axe pendant que le cheval se désincurve.

- Entre A et B, ployer l'encolure à 80-90° de l'autre côté... et continuer le travail de la même manière.

Quelques précisions : durant toutes ces évolutions, la nuque doit rester cédée et souple, les mains entretenant la mobilité de la mâchoire.

- Il existe peu de chances pour qu'immédiatement le dessin du tracé soit respecté avec une grande rigueur. C'est justement ce à quoi doit tendre le cavalier. Il y parviendra peu à peu et sera alors étonné de constater avec quelle précision et quelle facilité il contrôle la masse de son cheval.

- Attention : du début de l'incurvation jusqu'au moment de la désincurvation le ploiement de l'encolure ne doit absolument pas varier.

- Très vite tous ces mouvements doivent s'effectuer avec des grammes dans les doigts, le cheval étant en complète liberté musculaire. Le simple léger déplacement du couloir suffit à faire varier la répartition du poids d'une épaule sur l'autre.

- Si les courbes sont d'un diamètre d'environ 8 mètres, ce travail effectué de façon répétitive aura un effet certain sur le développement musculaire de l'arrière-main.

Exercice n° 32

Effectuer le même travail au galop : soit quatre à cinq fois de suite sur le même pied (mais en veillant à bien désincurver à l'issue de la deuxième demi-volte, avant de réincurver du même côté) ; soit en changeant de pied entre A et B, dès que le dressage du cheval le permet.

LE CHANGEMENT DE PIED

Relativement rares sont les cavaliers dont les chevaux changent facilement de pied au galop. Bien souvent parce que les cavaliers eux-mêmes n'essaient pas, pensant confusément que la chose est trop difficile pour eux, hors de leur portée.

Ils ont tort. Le changement de pied est indispensable pour tout travail sérieux et relativement facile à obtenir s'il est travaillé logiquement et méthodiquement.

Beaucoup de cavaliers, lorsqu'ils veulent faire changer de pied à leurs chevaux, agissent brusquement sur une courbe, et très souvent utilisent le poids de leur corps pour déséquilibrer leur cheval, aussi très souvent obtiennent-ils un changement de pied des antérieurs seulement et se retrouvent-ils avec un cheval désuni. Il est possible d'apprendre le changement de pied à un cheval par différentes méthodes, il n'y a pas en la matière une seule loi.

Celle que nous conseillons nous paraît la plus simple, sans risque d'incompréhension, donc d'énervement pour le cheval.

Il s'agit d'apprendre à un cheval à effectuer un mouvement pas très naturel, encore que les chevaux en liberté changent de pied, mais la plupart du temps ils le font en deux temps : antérieurs d'abord, puis postérieurs. C'est donc le changement de pied de derrière qui conditionne la qualité du mouvement.

Il faut alors avoir d'abord un cheval au petit galop rassemblé dans un équilibrage très reculé.

Effectuer non une volte mais deux demi-voltes séparées par une petite ligne droite car il est bien préférable de demander le changement de pied sur la ligne droite et non sur une courbe par déséquilibre.

Partons, par exemple, sur le pied droit. Nous effectuons au petit galop cette courbe à droite pour revenir sur notre ligne droite centrale. La jambe gauche agit légèrement. En arrivant à l'endroit d'où nous sommes partis (par la suite, tous nos changements se feront toujours exactement au même endroit, ce qui a pour effet de faciliter la compréhension du cheval), nous arrêtons, puis nous repartons sur le pied gauche, même grande courbe sur ce côté, et nous revenons à notre point central à nouveau : arrêt, puis départ sur le pied droit, et tout cela au tout petit galop.

Bien entendu, il y a inversion de l'action des aides (jambes et assiette, cette dernière est très importante) à chaque changement.

Tout au début, ne pas hésiter à marquer l'arrêt deux à trois secondes, mais peu à peu c'est ce temps d'arrêt que nous allons diminuer. A peine le cheval obéit-il à la demande d'arrêt, reporte-t-il du poids sur ses hanches, que nous lui demandons un nouveau départ au galop sur l'autre pied. Il s'ensuit un petit temps que l'on pourrait appeler « cafouillage » : l'arrêt n'étant plus marqué, le cheval effectue un temps de trot avant de repartir au galop sur le nouveau pied.

Et voilà ! Il n'y a plus qu'à laisser mûrir le fruit en recommençant ces mouvements-là chaque jour vingt à trente fois de suite et toujours au même endroit. Le cheval sait donc parfaitement en arrivant au point central qu'il va devoir changer de pied. Peu à peu, le temps de « cafouillage » devient de plus en plus court. Au bout de quatre jours, dix peut-être – il ne faut pas être pressé –, le cavalier ralentit son galop, mais cette fois sans arrêter complètement, et inverse l'action de ses aides...

Si le fruit est mûr, le cheval va changer de pied. S'il ne le fait pas, ne pas insister et recommencer comme auparavant. Fatalement, par la force de l'habitude, le cheval sachant s'il est, par exemple, sur le pied droit, qu'à un emplacement, toujours le même, il va devoir se mettre sur le pied gauche, effectue soudain franchement le changement lors de la demande du cavalier.

Il ne reste dans ce cas qu'à tout de suite l'arrêter, le récompenser pour lui *dire* que c'est là en effet, le geste demandé ; et ensuite recommencer...

Cette méthode est simple et offre l'avantage du calme.

> ***Demander souvent, se contenter de peu, récompenser beaucoup.***
>
> ***Beudant***

Bien entendu la première connaissance pour un cavalier est de savoir sur quel pied galope son cheval. Nombreux sont les cavaliers qui regardent les antérieurs pour être renseignés. Nous avons même lu dans un livre connu que le cavalier ne devait pas pour regarder sur quel pied galope son cheval pencher le buste ou même la tête mais seulement... baisser les yeux !

Plus sérieusement : le jeune cavalier doit systématiquement en partant au galop essayer de sentir par son assiette sur quel pied galope son cheval. Dès qu'il s'est fait une opinion, mais alors seulement, il regarde (en se penchant comme il veut !...) pour avoir confirmation ou infirmation de ce qu'il avait cru sentir. Très rapidement il sentira sans risque d'erreur la diagonale sur laquelle se trouve son cheval.

LE CONTRÔLE LONGITUDINAL

Il existe en équitation deux mondes totalement différents.

– Le monde des décontractions.

– Celui du contrôle longitudinal.

Le cavalier doit bien comprendre la chose car il devra très souvent et très vite, disons même instinctivement, passer de l'un à l'autre en fonction des nécessités.

En ce qui concerne les décontractions – cessions de nuque, mobilisation de la mâchoire, flexions latérales, incurvations – le cavalier doit avoir les mains très basses, juste au-dessus du garrot, souvent même en dessous. Pourquoi ? Pour une raison mécanique évidente. Regardez le chanfrein du cheval. Tendez ensuite une rêne de façon qu'elle forme un angle de 90° par rapport au chanfrein. Il est bien évident que toutes les actions de mains effectuées sous cet angle vont avoir un effet direct sur la nuque. Par contre mettez les rênes parallèles au chanfrein. Quel que soit le doigté du cavalier il n'agira en rien sur la décontraction de la nuque. Nous indiquons évidemment exprès les angles extrêmes pour mieux nous faire comprendre.

La constatation est que plus l'angle chanfrein-rênes est grand, plus les actions du cavalier sont décontractives. A l'opposé, plus cet angle diminue, plus il existe un risque d'ouverture et de contraction de la nuque et de la mâchoire.

Autre monde : le contrôle longitudinal.

De nombreux cavaliers, et évidemment les débutants, ont tendance à penser que le ralentissement de l'allure d'un cheval, ou son arrêt, s'obtiennent par une opposition au mouvement en avant. Si le cavalier a du tact, il fera une véritable opposition mais par une fermeture des doigts agissant *horizontalement* d'avant en arrière. Si le cavalier est débutant, ou s'il manque de tact, cette « dite opposition » sera en réalité une « tension-traction » vers l'arrière, toujours horizontalement.

En gros, disons que beaucoup de cavaliers ont plus ou moins le sentiment qu'un cheval va s'arrêter ou ralentir parce qu'on lui « tire dessus [1] ».

1. Nous avons tout dernièrement visionné une cassette vidéo d'instruction équestre, cassette ayant tous les visas officiels, dans laquelle il est dit que pour arrêter un cheval il faut « augmenter la tension des rênes »... Parlons franc, cela s'appelle : « tirer » !

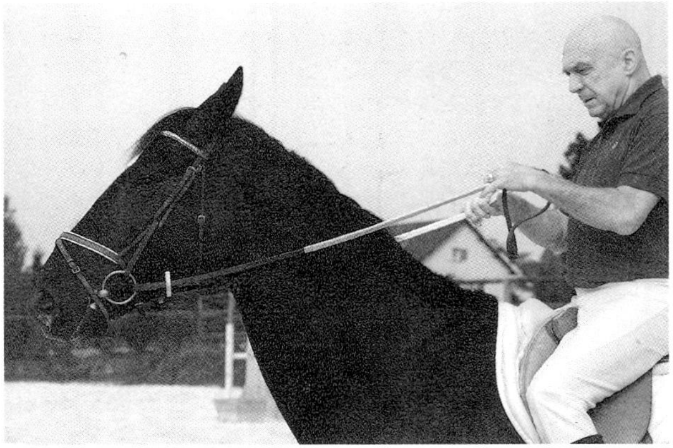

1. – Plus l'angle rênes/chanfrein est grand, plus les actions auront tendance à faire céder la nuque, donc plus elles seront décontractives.
2. – Plus ce même angle diminue moins les actions sont décontractives et plus elles risquent d'engendrer une certaine résistance et ouverture de la nuque. Par contre, elles auront (sauf en cas de complète contraction) pour effet de faire élever la base de l'encolure et donc d'obliger à un report de poids sur les hanches.
3. – Pour les actions ayant pour objectif le contrôle de l'équilibrage, la main doit pivoter pour agir selon un axe au-dessus de la bouche du cheval (15 à 25°).
4. – Pour les actions décontractives, la main descend ***mais aussi*** *pivote pour agir horizontalement (ce qui augmente considérablement l'angle rênes/chanfrein).*

Il est possible d'ailleurs de dresser des chevaux à obéir ainsi à des actions extrêmement légères. Mais... mais cela présente deux inconvénients :

– Le cheval – au trot ou au galop – qui va, grâce au dressage, ralentir ou s'arrêter sur la fermeture des doigts agissant horizontalement, le fera par l'avancée de ses postérieurs sous la masse. Le polygone de sustentation se resserrant provoque un recul du centre de gravité et le cheval obéit à l'ordre reçu. Mais en dehors de l'avancée des postérieurs, le cheval n'a pas changé sa position. La variation d'équilibrage proviendra du resserrement du polygone de sustentation, *mais sans abaissement des hanches.*

– Le cheval restant dans le même placer obéit en raison de son dressage, mais si pour une raison extérieure, ou caractérielle, il veut se mettre en défense il se trouve dans une attitude lui permettant une double résistance : de force, et de poids.

> ***Si l'encolure est basse ou tendue il n'y a plus d'action possible du cavalier sur le cheval parce que toute celle qu'il exerce n'est ressentie que par l'encolure seule, et n'agit pas sur le reste du corps.***
>
> ***François Baucher***

Et cette base d'encolure s'élèvera SI les actions du cavalier s'effectuent selon un certain angle.

Pour tout de suite bien comprendre ce principe il est possible de faire une petite expérience à l'arrêt :

1) *Agir par une tension horizontale.* Le cheval, en principe cédera

L'angle rênes/chanfrein ne varie pas seulement en fonction de la hauteur des mains. Voici à titre d'exemple deux photos : les mains sont toujours à la même hauteur mais, évidemment, plus les rênes sont longues plus l'angle augmente et les actions sont plus décontractives.

> ***Il faut s'attacher à faire prendre à son cheval une position qui opère dans son équilibre une variation telle que le mouvement en soit une conséquence naturelle.***
>
> ***François Baucher***

Il faut donc voir les choses différemment. Il s'agit de changer l'équilibrage du cheval, car c'est lui qui conditionne l'allure et l'amplitude des foulées. Plus le cavalier provoque un report de poids sur les épaules du cheval plus celui-ci allongera ses foulées (au galop) et son allure. Plus le cavalier provoque un report de poids sur les hanches, plus le cheval diminuera ses foulées (au galop) et plus il ralentira.

Variation d'allure, variation de l'amplitude des foulées sont les conséquences de la variation d'équilibrage.

Or, qu'est-ce qui provoque le report de poids sur les hanches ou sur les épaules ? C'est *l'élévation ou l'affaissement de la base de l'encolure.*

Placer de l'encolure.
1. – La nuque a complètement cédé. Le chanfrein dépasse la verticale. Toute la ligne dorsale se tend. Excellente attitude, surtout durant la première période du dressage pour le développement musculaire de base de l'arrière-main.
2. – Insensiblement, il est nécessaire de relever degré par degré le placer de l'encolure. Le chanfrein devient vertical. La base de l'encolure commence à travailler et à se muscler.

dans sa nuque, se comprimera, mais la base de son encolure ne bougera pratiquement pas.

2) *Agir par une tension très haute.* Le cheval probablement ouvrira sa nuque, élèvera sa tête, provoquant donc une remontée de l'ensemble de l'encolure mais la base, elle, ne bougera pratiquement pas.

3) *Agir dans un axe correspondant à un angle de 15 à 20° par rapport à l'horizontale* (les mains sont donc au-dessus de la bouche du cheval afin que les rênes soient par rapport à l'horizontale dans cet angle de 15 à 20°) et reculer progressivement les mains, mais dans le sens de cet axe. Si le cavalier surveille la base de l'encolure il va constater le gonflement des muscles et l'élévation de cette base. Il faut d'ailleurs en général agir énergiquement dans le même temps avec les jambes pour empêcher le cheval de reculer, conséquence logique puisque par cette élévation de la base de l'encolure, le poids reflue sur l'arrière-main.

Toute action tendant à obtenir un ralentissement ou un arrêt doit donc s'effectuer dans cet angle. Mais comme le cheval au fur et à mesure de l'action remonte la base de l'encolure mais aussi évidemment l'ensemble de l'encolure, et donc la bouche, *les mains doivent s'élever de façon correspondante*

3. – L'attitude « d'utilisation » à laquelle il faut amener le cheval. La nuque est enfin le point le plus haut. Le cheval ne peut plus offrir de résistance, ni de force, ni de poids. Il est léger. Les hanches vont pouvoir s'abaisser et les propulseurs « actionner » la masse.

pour toujours se situer au-dessus de la bouche du cheval et agir toujours dans le même axe de 15 à 20°.

Il y a souvent source d'erreurs chez certains qui, voyant de bons cavaliers ayant de bons résultats agir souvent avec des mains hautes, veulent les copier en montant systématiquement leurs mains.

Oui ! un cavalier peut avoir des mains hautes, très hautes même parfois, *mais parce qu'à cet instant* la bouche du cheval sera elle aussi très haute (cheval dans un rassembler très relevé). Non à des mains hautes agissant sur des rênes dont l'axe par rapport à l'horizontal de cette bouche est supérieure à 30°.

Mais il faut tenir compte que si les actions effectuées dans cet angle agissent automatiquement sur la base de l'encolure et donc sur le transfert de poids du cheval, il existe le risque qu'elles engendrent une légère ouverture de la nuque et une résistance musculaire du cheval.

Voilà pourquoi, si le cavalier doit agir dans cet angle pour contrôler l'équilibrage et donc l'allure, *à l'instant même* où le cheval est venu dans l'allure et l'équilibrage souhaités, les mains du cavalier doivent descendre légèrement, mais surtout pivoter pour changer leur angle de travail. Ainsi l'angle rêne-chanfrein augmente instantanément et les actions deviennent décontractives.

Pour cette raison nous constatons que le cavalier doit très souvent, en fonction des problèmes se présentant et de ce qu'il attend du cheval, passer d'*un monde à l'autre*. C'est-à-dire par ces changements d'angles agir sur le plan longitudinal ou sur le plan décontractif. Ces changements sont visuellement tellement légers qu'un spectateur non averti ne s'en rend pas compte ; or pourtant ils ont une répercussion énorme concernant le contrôle du cheval.

Maintenant voyons certains aspects concernant le domaine pratique.

LE PRINCIPE DE LA BARRIÈRE

Mon jeune ami, rappelez-vous, pour tirer il faut être deux. Si vous ne tirez pas, le cheval ne peut pas tirer. Vous l'avez entendue cette phrase ! Moi aussi ! J'avais quinze ans. Poliment j'ai acquiescé mais en pensant *in petto :*

« Il est bien gentil, mais si mon cheval veut allonger, il faut bien que je "tire", sinon je vais me retrouver à Tombouctou, et je n'ai rien à y faire ! »

Et pourtant, le monsieur avait raison !

Seulement, en dehors de cette affirmation péremptoire, il ne m'expliquait rien. Peut-être parce qu'il n'aurait pas pu, peut-être que lui aussi si son cheval avait allongé l'allure vers Tombouctou, il aurait tiré. Mais cela n'empêche pas de répéter avec autorité un vieux et grand principe, même s'il vous échappe complètement sur le fond.

Donc nous l'avons entendue cette phrase, mais extrêmement rares sont ceux auxquels il a été expliqué ce qu'il fallait alors faire si le cheval, lui, cherchait à tirer.

Si ! Que dis-je ? En général à ce moment le conseil est de mettre une embouchure plus puissante !

Pour notre part, disons avec humilité que nous n'avons vraiment découvert ce qu'il fallait effectivement faire que sur le tard, le très tard même. Assez stupéfaits de comprendre soudain ce que nous avions sans doute pratiqué toute notre vie plus ou moins, comme beaucoup de cavaliers, mais sans une réelle analyse ; de cette façon instinctive engendrant la formule creuse : « Il a du tact ! » Alors nous nous sommes replongés dans beaucoup d'ouvrages équestres pensant lire des explications à ce sujet... Nous n'avons pratiquement rien trouvé.

Quelques propos concernant ce problème, mais seulement à un très haut niveau, sur des chevaux aux dressages très poussés, mais pas du tout comme enseignement de base, concernant le contrôle de tout cheval, même sans dressage aucun. Pourtant, il s'agit d'abord de cela. Le principe que nous allons expliquer est aussi vrai pour un travail élémentaire que pour celui en finesse.

Aussi, nous avons grand plaisir lors du début d'un stage, si un cavalier nous dit : « Mon cheval tire comme un treuil ! »

Et si, pour en faire la démonstration, ce cavalier effectue deux ou trois tours de carrière au galop, avec 50 kilos dans les bras.

Dans ces cas extrêmes, la démonstration du principe de la barrière et de ses effets prennent presque des allures de sorcellerie. Mais l'explication qui est d'ordre purement mécanique démontre comment le cavalier doit agir afin que le cheval *ne puisse pas* tirer.

La démonstration visuelle est simple : prendre les rênes entre le pouce et deux doigts pour bien prouver que la force ne sera pas employée ; mettre le cheval au petit galop, l'y conserver sur des rênes fluides, ensuite effectuer des allongements, même très forts, et ramener le cheval en quelques foulées au petit galop cadencé.

Ceci toujours en tenant les rênes avec deux doigts.

Précisons que nous sommes à la disposition de quiconque voulant voir cette démonstration sur son propre cheval.

Avant toute démonstration, expliquons ce que nous entendons par ce terme, qui reviendra souvent dans ce livre, de « rênes fluides ». Il signifie une rêne qui n'est pas tendue en permanence. La chose peut se produire par moments, mais toujours de façon brève et en se détendant immédiatement après. Il y a une analogie avec une voile faseyant par vent faible.

Ce contrôle de l'allure du cheval relève de lois mécaniques et psychiques, donc parfaitement explicables. Elles utilisent des principes connus et appliqués dans de nombreux sports concernant la relativité des forces.

Prenons un athlète pesant 40 kilos de plus que nous ; si nous lui retournons le bras, par exemple, il n'a plus l'usage de sa force et la moindre poussée de notre part le fait crier de douleur. Mettons ce même athlète puissant adossé à un muret de 60 centimètres, si nous le poussons à l'improviste, il tombe à la renverse. Il est donc des attitudes dans lesquelles la force ne peut plus s'employer, et des angles donnant à la moindre action une très grande puissance.

C'est un ABC de tous les sports de combat.

Nous, cavaliers, sommes sur un cheval qui pèse entre 600 et 700 kilos, alors que notre poids est huit à dix fois moins élevé. Ce n'est donc pas par la force que nous le dominerons.

Par le dressage, direz-vous ? Bien entendu. Mais il n'en demeure pas moins que durant une période ce cheval ne sera pas encore suffisamment dressé pour être réellement soumis, et même par la suite il pourra toujours, pour une raison ou une autre d'ordre psychique, se mettre en défense. Alors ?

Alors par l'utilisation des « angles et rythmes », cette masse dix fois supérieure à la nôtre sera cependant *physiquement* contrôlable, du moins sur le plan longitudinal, c'est-à-dire celui de l'allure.

En voici l'explication mécanique.

Voyons d'abord le problème du simple contrôle du cheval ; ensuite nous en étudierons l'application dans le cadre du dressage.

Faisons tout d'abord deux constatations.

● En premier, c'est qu'un cheval à partir de l'instant où il s'appuie sur la main peut tracter n'importe quelle force, ou tout au moins une force très supérieure à celle que nous pourrions lui opposer. Bien appuyé sur le mors, contractant son encolure et utilisant toute sa masse, il peut nous opposer une résistance de force et de poids contre laquelle le cavalier est pratiquement impuissant. D'où la solution, disons plutôt le pis-aller, de mettre dans sa bouche une embouchure lui faisant mal afin de le dissuader d'employer cette force.

● Seconde constatation : tous les chevaux, plus ou moins mais tous, ont horreur des chocs sur la commissure des lèvres. Ils n'aiment pas !

Regardons maintenant un cheval au galop non rassemblé. A chaque foulée son encolure effectue un mouvement longitudinal. Donc sa bouche, à chaque foulée, avance et recule d'une distance, variant selon les chevaux et leurs encolures respectives, de 10 à 20 centimètres.

Voyons ensuite un cheval au galop. Il se trouve dans un certain équilibrage. S'il veut allonger son allure, que fait-il faire ? *A la fin de sa foulée,* il allonge son encolure légèrement vers le bas. Il en résulte un report de poids sur l'avant-main. Il s'ensuit un allongement de l'allure pour rattraper la masse. Si à la fin de sa nouvelle foulée le cheval reporte encore un peu plus de poids sur ses épaules, il accélérera encore, etc. Si pour le ralentir, son cavalier tire, plus il tirera, plus le cheval se contractera en s'appuyant sur la main, plus il mettra de poids sur son avant-main... c'est le cercle vicieux par excellence. Imaginons maintenant que le cavalier ait une main totalement fixe, une main *au-dessus de la bouche du cheval* et qui ne bouge absolument pas. Dans ce cas, puisque à chaque foulée de galop le cheval effectue un certain mouvement de toute son encolure, la distance séparant la main des commissures de lèvres variera au cours de chaque foulée des 10 à 20 centimètres correspondant au mouvement.

Voici les données mécaniques. Il ne reste qu'à en utiliser les conséquences.

Le cavalier règle ses rênes d'une certaine longueur, disons X, et il recule sa main, main restant fixe bien entendu. Il est un moment où la distance entre la main et la bouche du cheval correspondra avec la longueur de la rêne *au moment* où le cheval est dans la phase de l'extension de son encolure (fin de la foulée). Ce cheval va alors se « cogner » sur la main ; mais comme il est dans son rythme de galop, et que celui-ci engendre le mouvement d'avancée et de recul de toute l'encolure et, partant, de la bouche, le cheval venant de se cogner sur la main détend aussitôt les rênes puisqu'en commençant sa nouvelle foulée il effectue un léger retrait de l'encolure. Mais, à la fin de cette nouvelle foulée, il viendra à nouveau se cogner sur la main, etc.

C'est un mouvement extrêmement facile à montrer puisqu'il est d'une simplicité et d'une évidence absolue. Un peu plus difficile à expliquer par écrit. Espérons que nous avons été assez clairs.

Reprenons par précaution l'explication afin d'être bien compris :

– le cheval à chaque foulée de galop avance et recule son encolure d'une certaine distance ;

– si la main est totalement fixe et la longueur des rênes réglée en conséquence, le cheval se cogne sur la main à l'instant où son encolure s'allonge, mais la rêne se détend au moment où l'encolure recule.

Conséquences :

– le cheval *ne peut pas* s'appuyer puisque à peine vient-il au contact que la rêne se détend ;

– le cheval ayant horreur des chocs sur la commissure des lèvres va chercher à les éviter, et pour ce faire n'a qu'une possibilité : reporter l'ensemble de son encolure en arrière, donc renvoyer du poids sur les hanches, donc... ralentir.

Ainsi, plus le cavalier recule ses mains, plus le cheval remonte la base de son encolure, plus il reporte de poids sur ses hanches, plus il ralentit.

C'est le principe de la barrière. C'est aussi simple que cela ! C'est mécaniquement et psychiquement d'une vérité absolue et démontrable instantanément avec n'importe quel cheval à condition, bien entendu, que le cavalier ait parfaitement acquis le contrôle de la totale fixité de ses mains.

Si donc le principe est d'une simplicité biblique, il n'en est pas de même de l'exécution qui exige d'abord une analyse plus poussée et ensuite un certain « tact ».

En premier, le cavalier doit donc acquérir le sens de la fixité de sa main. La chose n'est pas très difficile, encore faut-il s'y entraîner. Pour cela, il est un parfait moyen de contrôler cette fixité ; il suffit de se mettre au petit galop et d'essayer de conserver les mains fixes. Si elles le sont, à chaque foulée les rênes se tendent et se détendent (rênes fluides) de façon assez forte ; plus ou moins seulement, nous l'avons dit, selon le mouvement propre à chaque cheval, mais, en tout état de cause, au moment où le cheval commençant sa nouvelle foulée reporte son encolure en arrière les rênes sont *franchement* flottantes.

Si le cavalier règle cette « barrière » constituée par la fixité des mains de manière que la longueur des rênes corresponde juste avec le moment où le cheval est dans la phase d'allongement maximal de son encolure (fin de la foulée), il sentira à chaque foulée un très bref et léger contact avec la bouche. Ainsi, il commencera à acquérir et le contrôle de la fixité de sa main et le rythme de l'action.

Donc, selon que le cavalier veut allonger ou ralentir, il va avancer ou reculer la barrière de ses mains dans le sens de l'axe dont nous avons parlé précédemment.

Maintenant, il nous faut faire très attention au mauvais réflexe consistant à reculer les mains (cela revient à tirer) au moment où le cheval vient se cogner sur elles. Tant que le cavalier n'a pas acquis le *sens* de la barrière, il s'agit là d'une réaction instinctive du cavalier voulant reprendre son cheval. Or, si ce cavalier recule sa main, la rêne restera tendue durant la phase où le cheval commençant sa nouvelle foulée recule son encolure. Donc il restera *au contact*, appuyé. N'ayant plus peur de recevoir un choc sur la commissure des lèvres, il se servira de tout son poids pour résister, et nous nous retrouverons dans les conditions du cheval se contractant (résistance de force) et s'appuyant (résistance de poids).

Il faut donc que la main résiste à l'instant précis où le cheval se cogne, mais ne recule absolument pas pour laisser la rêne se détendre.

Seulement la main ne peut rester fixe que si le cavalier a le sens du rythme. Expliquons-nous : un cavalier a les mains fixes... bien ! Mais quand son cheval, pour peu que celui-ci soit un peu violent, viendra se cogner sur la barrière, les mains seront entraînées. Or, si elles avancent à cet instant, ne fût-ce que de 2 à 3 centimètres, c'est gagné pour le cheval. Ces seuls centimètres lui ont permis de reporter du poids sur ses épaules, et le cavalier ne contrôle plus l'équilibrage.

Mais nous savons à quel instant exact le cheval vient se cogner sur la main ; à la fin de sa foulée de galop. Agissant au rythme du galop le cavalier contracte ses propres muscles pour résister au petit choc. Mieux ! Il peut, si nécessaire, augmenter la force de celui-ci par une rapide et très brève action des doigts et de la main.

Pour renvoyer fortement un cheval sur ses hanches, il faut reculer la barrière par paliers. Toujours dans le souci de ne pas permettre au cheval de prendre appui.

Pour mieux faire comprendre le principe, parlons chiffres.

Imaginons que notre cheval a un balancé de son encolure, à chaque foulée, de 12 centimètres.

Nous avons reculé notre main de telle sorte qu'il manque 3 centimètres de longueur de rêne pour permettre l'extension normale à la fin de la foulée. Donc le cheval va se cogner légèrement sur la main. Admettons qu'à ce premier petit choc le cheval ne réagisse pas encore par un relèvement de l'ensemble de son encolure. Cependant, le mouvement normal de son balancé va lui faire reculer sa bouche de 9 centimètres par rapport à la barrière sur laquelle il vient de se cogner. Et durant la détente de la rêne due à ce mouvement le cavalier recule encore sa main de, disons 5 centimètres, à la foulée suivante le cheval se cognera beaucoup plus tôt, donc beaucoup plus fort.

Au fur et à mesure, le cheval réagit en remontant son encolure et la main à chaque foulée recule un peu plus. Suffisamment pour diminuer l'amplitude du mouvement autorisé au cheval, mais pas suffisamment pour que ce dernier soit au contact au début de la foulée de galop. Car s'il en était ainsi à ce moment, c'est-à-dire lorsque l'encolure est dans la phase la plus reculée, le cheval appuyé sur la main, même très légèrement, mais ne craignant plus alors de choc en profiterait pour faire ce que l'on appelle « prendre la main », c'est-à-dire tirer en se servant de toute sa masse.

Le principe clé de tout ce travail est que le cheval ne doit jamais pouvoir s'appuyer, et pour cela la rêne ne doit *jamais rester tendue.*

Autre point capital, le recul de la main doit s'effectuer par le retrait des épaules et éventuellement le raccourcissement rapide des rênes mais *non par le ploiement des coudes.* Ainsi le cavalier a à sa disposition toute sa capacité de fixité et sa force de résistance.

Encore une fois, expliquons-nous mécaniquement parlant. Voici une petite expérience faisant parfaitement comprendre une évidence de mécanique musculaire. Posez sur le sol un poids de 20 kilos ; essayez de le soulever. Vous allez vous pencher au-dessus de ce poids en mettant instinctivement votre épaule verticalement au-dessus, et vous le soulèverez aisément. Maintenant essayez de *ne pas mettre* votre épaule dans la verticalité de ce poids mais en retrait d'une vingtaine de centimètres, et essayez de le soulever non plus *vers* votre épaule mais *verticalement*... Vous n'y parviendrez pas ou au prix d'un très gros effort du biceps.

Amusez-vous à faire cette expérience ! Elle fait sentir l'énorme différence de capacité de résistance à notre disposition selon que nous effectuons une traction vers notre épaule ou dans un angle différent.

Traction ou résistance à un poids venant cogner notre main relèvent du même principe. Voilà pourquoi dans certains cas extrêmes le cavalier va devoir changer son attitude sur le cheval pour « élever » ses épaules. Mais avant de voir ces cas extrêmes, étudions dans quelles conditions le cheval a, lui, l'usage de toute sa force, et celles dans lesquelles il ne l'a plus. Il s'agit également d'une question d'angles.

Lorsqu'un cheval a un placer peu ou prou vers le bas, que le point le plus haut de son encolure se situe à 15 ou 20 centimètres en arrière de la nuque, il peut utiliser pour résister (ou tirer) toute sa masse.

En revanche, lorsque son encolure est relevée et que sa nuque est le point le plus haut, il n'a presque aucune force pour résister aux actions du cavalier. Pourquoi ? Pour résister, il lui faut s'appuyer sur la main et utiliser sa masse pour tirer vers le bas. Si donc son encolure est relevée, il doit au préalable la redescendre afin de pouvoir prendre cet appui. Or, pour ce mouvement le cheval n'a à sa disposition que les muscles latéraux de l'encolure qui dans ce sens ont une très faible puissance.

Le cheval se trouve dans la même difficulté musculaire que nous lorsque nous cherchons à soulever verticalement un poids important sans pouvoir agir *vers* notre épaule.

A ce moment, avec *deux doigts,* le cavalier peut empêcher n'importe quel cheval de descendre son encolure, donc de reporter du poids sur son avant-main, donc d'allonger son allure.

Nous avons dit pouvoir prendre pratiquement n'importe quel cheval habitué à tirer et, après l'avoir mis dans un galop allongé, pouvoir le reprendre en quelques foulées.

Comment ? En agissant en fonction de ces angles et du rythme du galop. C'est-à-dire en nous mettant nous, cavalier, dans les conditions nous donnant la totalité de nos moyens physiques, mais en mettant le cheval dans des conditions où lui n'a pas l'intégralité de ses propres moyens. C'est l'utilisation des angles.

Par ailleurs, nous agissons de façon qu'il ne puisse à aucun moment prendre appui sur la main. C'est la conséquence de l'utilisation d'actions rythmées.

Voyons donc en détail les mouvements.

Le cheval galope, vite. Bien entendu, il faut le laisser totalement faire en tenant les rênes flottantes. S'il y a tension, le cheval se contractera et les actions ultérieures se heurteront à une résistance déjà existante. Mais un cheval ne se contracte pas dans le vide ; si les rênes sont détendues, son encolure sera plutôt basse mais relativement souple.

Il faut donc d'abord la lui relever, et suffisamment pour qu'il se trouve dans l'attitude où il ne peut plus physiquement s'appuyer en utilisant le poids de sa masse.

Comme il est nécessaire de relever d'*un seul coup,* et fortement, cette encolure, le cavalier doit au préalable élever en conséquence ses épaules. Il va donc devoir sortir de sa selle en faisant jouer ses deux articulations, genou-hanche, afin de rester en équilibre dans la verticalité des étrivières. Le point extrême de cette élévation, nécessaire dans certains cas, sera une position presque ou même complètement debout.

Étant dans cette attitude, à la fin d'une foulée de galop de son cheval, le cavalier effectue une brusque et très rapide action de traction, en agissant vers ses épaules. Sur cette action inattendue et forte, le cheval surpris en pleine décontraction n'a pas le temps de se mettre en résistance, et il se retrouve avec une encolure relevée à au moins 45°. C'est fini ! Le cheval n'a plus la possibilité physique de résister.

Il n'est plus pour le cavalier que de fixer la barrière de ses mains en veillant comme nous l'avons expliqué à ne jamais donner un appui constant. Si la barrière recule, le cheval se cogne sur un angle dans lequel il n'a plus la disposition de sa force. Les jambes sollicitent l'engagement pendant que la barrière des mains se recule. En trois, quatre foulées le cheval est au petit galop, *léger,* le cavalier redescend alors dans sa selle, n'ayant plus besoin de l'élévation des épaules puisque l'angle de la rêne est redevenu normal.

Nous avons voulu décrire « pour-

Attitudes typiques du cheval galopant derrière la barrière des mains. Le cavalier peut alors ***lui*** *prendre « du bout des doigts » un contact léger pour mobiliser la mâchoire. Dans le premier cas, le cavalier est assis. Mais, s'il allonge l'allure ou si le cheval se met tant soit peu en résistance, le cavalier, pour conserver l'absolue fixité de ses mains, se met en équilibre (deuxième photo).*

quoi » et « comment » un cavalier ayant bien compris l'efficacité d'actions tenant compte des angles et du rythme peut contrôler un cheval même non dressé, même prêt à se mettre en défense. Bien entendu, ceci n'est pas notre objectif car il est nécessaire dans ces cas-là d'avoir des actions sèches, heurtées, alors que la belle et *bonne* équitation doit être toute de douceur et de souplesse. Mais il n'est pas inutile de savoir comment il faut agir en situation de défense.

Maintenant venons-en à l'utilisation normale de ces principes. Il s'agit d'apprendre au cheval qu'il ne tient qu'à lui d'éviter les petits chocs désagréables sur la commissure des lèvres. Dans la très grande majorité des cas, le cheval acquiert très vite cette compréhension si, une fois qu'il est mis au galop, la barrière des mains reste d'une très grande fixité.

Attention à un petit défaut fréquent chez les cavaliers commençant ce travail. Nous avons dit que ce sont les petits chocs sur la commissure des lèvres qui incitent le cheval à remonter l'ensemble de son encolure pour se placer *derrière* la main ; évidemment ce mouvement a pour conséquence un report de poids sur les

hanches. Voilà le but recherché. Mais souvent le cavalier néophyte oubliant le but pour les moyens a tendance à reculer de plus en plus sa barrière afin de toujours sentir le cheval se cogner sur la main à la fin de chaque foulée. Non ! le cheval ne comprendra plus ! Il ne doit pas avoir le sentiment d'une inexorabilité dans cette rencontre avec la main ; au contraire, il lui appartient de l'éviter en restant, lui, derrière cette main.

Il faut donc pour cela lui apprendre d'abord à se soutenir de lui-même et à ne pas changer l'équilibrage dans lequel il a été mis. L'objectif du cavalier est que les rênes demeurent détendues, fluides. Ce doit être pour lui un désir lancinant. Donc au moindre report de poids sur les épaules engendré par une légère avancée de l'encolure, toc ! la main en reculant très légèrement provoque la sanction, le petit choc sur la bouche, mais à peine le cheval réagit-il en reprenant son attitude et son équilibrage initiaux, la main immédiatement s'abaisse *très* légèrement pour que le cheval se sente à nouveau en parfaite liberté. Il doit, et il va rapidement comprendre que cette liberté demeure tant que lui ne change pas l'attitude et l'équilibrage indiqués par le cavalier.

Les premiers temps, au reçu de ces petits chocs, le cheval aura tendance à se raidir. Nous allons donc l'inciter et lui faciliter la décontraction en agissant par rênes alternées.

Si nous avançons légèrement une des deux mains formant barrière, le cheval ne se cognera que d'un seul côté. En alternant ainsi les actions à droite, à gauche, le cavalier obtient peu à peu la décontraction de la nuque, donc la destruction des résistances.

Attention ! attention de ne pas être obnubilé et trompé par le mot « choc », qui revient sans cesse dans nos explications. Nous sommes obligés de l'employer puisque les tensions de rênes ne proviennent pas d'une action du cavalier, mais de l'avancée de l'encolure en fin de foulée alors que la main reste fixe. Le cheval venant, lui, se cogner sur la main, il y a ce que l'on appelle dans la langue française un « choc ». Mais ce choc, puisqu'il nous faut le nommer ainsi, doit être la plupart du temps doux, moelleux, léger, c'est une « indication ». Il est bon les premières fois que le cheval se cogne un peu fort ; il s'agit alors d'une sanction lui apprenant le principe de la barrière ; mais dès cette compréhension acquise, les contacts deviennent et *doivent* être extrêmement légers.

Nous avons précédemment dit, en parlant d'un cheval habitué à tirer, qu'en lui opposant le principe de la barrière, nous allions le mettre au petit galop. Précisons maintenant que ce n'est pas toujours ou du moins pas immédiatement le cas.

Oui, en tenant la rêne entre deux doigts, nous allons, sans lui laisser prendre l'appui, l'obliger à reporter du poids sur ses hanches et à ralentir son allure. Mais s'il s'agit d'un cheval ayant toujours galopé sur les épaules, n'ayant jamais pratiqué un travail sérieux de musculation de l'arrière-main, il commencera à ralentir au fur et à mesure du recul de la barrière, mais il est un moment où par manque de musculature, ce cheval lorsque le cavalier remonte son avant-main se creuse soudain et retombe au trot.

Avec certains chevaux, les premiers temps, la chose est inévitable mais tout à fait normale. Il suffit d'être au début moins exigeant ; c'est-à-dire de mettre le cheval dans le galop le plus lent possible, mais en restant en deçà de la limite au-dessous de laquelle il tombe au trot. En lui faisant effectuer des temps de galop prolongés à cette allure et en développant parallèlement sa musculature (travail en incurvation – reculer – transitions), peu à peu il sera possible d'augmenter le report sur les hanches et ce jusqu'au galop rassemblé.

Nous avons uniquement parlé pour l'instant de conserver le cheval *derrière la main* dans un galop constant. Voyons maintenant les variations d'équilibrage et partant les transitions.

Nous sommes au petit galop, le cheval est équilibré derrière la barrière. Ouvrons-la franchement ; c'est-à-dire baissons les mains en les faisant pivoter pour ouvrir. Le cheval va immédiatement comprendre par le *poids de la rêne* (nous en parlerons plus tard) que le cavalier a ouvert la barrière. De lui-même, car cela le repose, il va allonger son encolure. Report donc de poids sur l'avant-main, ce qui a pour résultat un allongement de l'allure.

La plupart du temps, cet allongement est une conséquence mécanique du changement d'attitude du cheval, et il n'est pour le cavalier nul besoin de se servir de ses jambes.

Nous laissons ainsi le cheval allonger son galop durant quatre, cinq ou six foulées, puis nous remontons progressivement les mains en les reculant légèrement. Le cheval vient donc se cogner sur la barrière, relève son encolure et renvoie du poids sur ses hanches. Les jambes à ce stade doivent être actives pour demander l'abaissement des hanches.

Le report s'effectue par paliers, et en trois ou quatre foulées nous avons retrouvé le galop et l'équilibrage initiaux... et nous recommençons.

Ces transitions avec variation d'équilibrage ont une importance énorme, et elles doivent être mécanisées à outrance. Elles font considérablement travailler toute la musculature de l'arrière-main.

Elles habituent le cheval à ces déplacements de poids entre les épaules et les hanches dont nous avons en permanence besoin pour pouvoir contrôler et actionner la masse. En outre... en outre le cheval s'habitue à obéir de lui-même aux déplacements de la barrière sur des actions de plus en plus légères, et qui vont même souvent jusqu'à l'absence totale de contacts... !

Mais ceci est une autre histoire, et pour la comprendre il faut auparavant...

Toute action d'avant en arrière ou même une simple résistance à un appui du cheval s'appelle une action d'opposition ; il y a opposition au mouvement en avant.

Cela, tout cavalier le sait.

Mais une chose est moins, et même beaucoup moins connue : c'est que l'opposition au mouvement en avant, dans bien des cas, *commence avant même qu'il y ait eu le moindre contact avec la bouche du cheval.*

Cette opposition, dont nous allons donner des exemples, s'explique très simplement par des lois à la fois mécaniques et psychiques.

Il nous suffit d'abord de constater que le cheval sent parfaitement et avec beaucoup de précision le poids de la rêne.

Prenons un cheval à l'arrêt (le principe est exactement le même s'il est en mouvement). Ajustons les rênes pour qu'elles soient *presque au contact ;* elles sont donc détendues, mais elles présentent entre la main et l'anneau du filet une ligne presque droite.

Maintenant avançons franchement les mains ou laissons glisser complètement les rênes. Celles-ci seront alors ce que l'on appelle en « guirlande » ; elles offrent une large courbe, descendant de la main du cavalier pour remonter vers les anneaux du filet.

Dans ces deux cas, il n'existe aucun contact direct avec la bouche du cheval, or pour lui la différence est très grande. Dans le premier cas, la rêne presque détendue ne pèse aucunement ; dans le second cas, il y a sur l'anneau du filet le poids de cette rêne qui tombe. Cela le cheval le sent parfaitement.

Autrement dit, il sait, lorsque la rêne est presque tendue, que la moindre avancée de son encolure se heurtera à la main ; en revanche, quand il sent la rêne totalement en guirlande, il sait avoir la complète liberté de son encolure.

Des exemples ? Ils sont multiples.

Prenons un cheval reculant *bien ;* c'est-à-dire sous l'action de la jambe après opposition de la barrière de la main. Ce cheval recule donc alors rêne détendue, il n'y a pas contact avec la bouche. Continuons de reculer ainsi, mais à un moment, sans rien changer à nos actions de jambe, avançons les mains pour mettre les rênes en guirlande. Aussitôt, le cheval arrêtera son reculer et se portera en avant. Le poids de la rêne en guirlande lui indique que la barrière s'est ouverte.

Un cow-boy galope. Son cheval connaît, bien sûr, la puissance du mors qu'il a dans la bouche et craint une action sur son long levier. On le sait, les rênes des cow-boys se terminent par un fouet unique. Notre cow-boy au galop, rênes flottantes, veut arrêter. Tire-t-il sur ses rênes ? Que non ! Il lui suffit en tenant le fouet de la rêne d'une main de *monter* celle-ci. Le cheval sentant le poids de la rêne diminuer s'arrête immédiatement pour éviter l'action puissante du mors.

Autre exemple : un cheval à l'arrêt, immobile, rênes juste détendues. L'animal ne bouge pas. Laissons glisser complètement en guirlande, et aussitôt le cheval allonge son encolure pour se détendre, se gratter ou brouter.

Nombre de cavaliers rencontrent certaines difficultés n'ayant pas d'autre raison que cette *opposition avant le contact.*

Citons deux cas fréquents.

- Le départ au galop. Il est, bien entendu, possible de partir sur un cheval préalablement rassemblé et qui se mettra au galop sans changer son placer, par simple abaissement des hanches et engagement des postérieurs.

Mais dans le cas d'un départ au galop de l'arrêt sans rassembler préalable du cheval, celui-ci pour se mettre au galop plus facilement va immanquablement ouvrir légèrement sa nuque et allonger un tout petit peu son encolure afin de reporter un certain poids sur son avant-main.

Autrement dit, entre l'attitude à l'arrêt et celle qu'aura le cheval dès sa première foulée, la distance séparant la bouche du cheval de la main du cavalier augmente de 15 à 20 centimètres. Si le cavalier n'y

Le cavalier, peut-être inconsciemment, effectue une opposition ! La rêne est pourtant détendue mais le cheval, de crainte de se cogner sur la main, ne bouge pas. ***L'opposition commence avant même que la rêne ne soit en contact.***

prend garde, le cheval en partant au galop vient se cogner sur la main. Oh ! la plupart du temps de façon très légère, mais n'oublions jamais à quel point les chevaux ont horreur de ces à-coups sur la commissure des lèvres. Ainsi, souvent des chevaux hésitent sur la demande de départ au galop, ne partent pas franchement ou en levant la tête au préalable ; la cause en est seulement la répugnance qu'ils éprouvent à effectuer un mouvement les condamnant à recevoir un léger choc sur la bouche.

Et il ne faut pas croire que ce problème est limité aux cavaliers débutants !

- Autre cas fréquent en équitation d'obstacles : un cavalier saute en non-intervention ; il aborde avec des rênes légèrement détendues. La battue se présente bien, un peu longue. A l'instant où l'on pense que le cheval va prendre cette battue... il refuse net ! ou encore il fait en catastrophe une petite foulée supplémentaire. Le cavalier accuse alors, bien entendu, le cheval de rétivité, de manque de cœur, etc. En réalité, il est seul responsable, et tout simplement parce que sans s'en rendre compte il était en « opposition ».

Faisons revenir ce même cheval sur le même obstacle ; toujours en non-intervention ; mais, cette fois, faisons mettre les rênes complètement en guirlande. Si la battue se présente, comme précédemment, bonne mais un peu longue... le cheval attaquera sans hésiter son obstacle !

C'est une expérience que nous avons faite quantité de fois.

1. - Le cavalier est assis.

La raison en est très simple. Pour partir de loin le cheval doit (toujours mécaniquement parlant) reporter du poids sur son avant-main et prendre sa battue en allongeant son encolure.

Autrement dit, la bouche du cheval va devoir avancer par rapport aux mains du cavalier de 15 à 20 centimètres. S'il s'agit d'un cavalier accompagnant toujours souplement les mouvements de son cheval, celui-ci le sait et part en confiance.

Mais... s'il s'agit d'un cavalier qui saute « mains fermées » sur des rênes plutôt courtes, et que, lors de départs similaires, le cheval s'est cogné sur la main au moment de l'allongement de son encolure, il appréhende ce choc et refuse le départ de loin.

Ce cavalier est en opposition sans le savoir. Sans contact pourtant ? Oui ! Le cheval, sentant au « poids de la rêne » que celle-ci est à peine détendue, a peur d'effectuer un mouvement d'allongement

2. – Le cavalier est en équilibre. La différence est apparemment faible. Elle est énorme concernant la fixité et la précision de la main, lors d'une allure allongée ou en cas de résistance du cheval.

risquant de se solder pour lui par un à-coup.

Rappelez-vous donc bien cette loi : *l'action d'opposition se manifeste pour le cheval bien avant qu'il y ait le moindre contact avec sa bouche.*

Si nous devons le savoir et y penser pour éviter des fautes de main, nous allons aussi nous en servir pour travailler dans une légèreté complète.

Reprenons nos variations d'équilibrage au galop demandées par avancer et reculer de la barrière des mains. Si nous répétons régulièrement le mouvement, savez-vous à quoi nous allons parvenir ? Ceci non pas avec tous les chevaux, mais avec tout de même la majorité d'entre eux ; donc la chose n'est pas du tout exceptionnelle. Nous parviendrons à effectuer ces variations sans qu'à aucun moment il y ait le moindre contact avec la bouche !

Lorsque le cavalier avance la barrière, le cheval sentant cette ouverture par le poids de la rêne avance son centre de gravité et allonge son allure. Mais lorsque le cavalier recule la barrière, s'il le fait souplement, progressivement, le cheval, sentant que la main recule, reporte aussitôt du poids sur ses hanches en élevant son avant-main et en abaissant ses hanches.

C'est pour le cavalier une sensation merveilleuse ! Effectuer des transitions au galop avec variations d'équilibrage par simple déplacement de la main, sans avoir rien dans les doigts que le simple poids de la rêne.

Dans quelle liberté musculaire se trouve le cheval ! Aucune contraction ! Il obéit de lui-même à des ordres très précis, mais qui n'ont besoin pour s'exprimer d'aucune tension de rêne. Cela explique la souplesse sur l'obstacle des chevaux de certains très grands cavaliers. Regardez bien, et c'est facile à notre époque grâce à la vidéo. Vous verrez ces cavaliers régler leur abord, contrôler et varier l'équilibrage à chaque battue mais toujours sur des rênes parfaitement fluides.

Il y a encore un aspect fondamental. Sans le respect du principe qui va suivre le contrôle longitudinal tel que nous l'avons expliqué ne sera souvent pas possible.

Il ne faut *jamais oublier* que sur une allure allongée, ou en cas de résistance du cheval, le cavalier n'aura le parfait contrôle et la possibilité de résister avec une totale fixité des mains QUE... que s'il est en équilibre.

Sans le point d'appui donné par l'étrier – cavalier ayant son centre de gravité dans l'axe de l'étrivière tel que nous l'avons expliqué au début de cet ouvrage – le cavalier pour ne pas être entraîné par de brusques tensions, pratiquera un instinctif retrait du buste, et donc sans même s'en rendre compte tirera sur la bouche par une tension constante : contraction du cheval, blocage de la ligne dorsale, le principe de la barrière n'existe plus.

Aussi bien faire attention à ne rester assis dans sa selle que pour de légères variations d'équilibrage, et avec un cheval répondant à des actions très légères. Sur un allongement plus rapide ou en cas de résistance, immédiatement se mettre en équilibre.

Nous conseillons d'ailleurs une petite expérience permettant de sentir à quel point l'appui sur les étriers permet une totale fixité de la main : se mettre au trot enlevé, allonger, puis pour ralentir en renvoyant du poids sur les hanches, rester d'abord appuyé sur les étriers en interrompant durant quelques secondes le mouvement du trot enlevé. Tout cavalier, s'il reste bien ainsi en équilibre, sentira à quel point il peut alors conserver une fixité totale de la main, et donc la possibilité d'agir avec une infinie douceur et une absolue précision.

C'est d'ailleurs un mouvement à faire instinctivement en effectuant au trot une opposition sur un cheval mal dressé ou pas encore léger à la main.

VARIATIONS D'ÉQUILIBRAGE

Ayez votre cheval en équilibre !
– Oui, mais lequel ?

On parle toujours en équitation d'avoir un cheval en équilibre, moyennant quoi la plus grande part des problèmes sont résolus. C'est en effet vrai, mais à une toute petite nuance près : quel équilibre ?

On parle généralement de l'équilibre comme s'il était ou n'était pas. Un peu comme l'électricité : contact ou pas contact. Alors les élèves acquièrent la conviction simpliste qu'un cheval est, soit en équilibre, soit en déséquilibre.

D'abord qu'est-ce que l'équilibre ? D'une façon générale, c'est la qualité d'un cheval ayant le parfait contrôle de sa masse, la chose étant conditionnée par la répartition du poids entre l'avant-main et l'arrière-main.

Mais il faut aussi bien penser que, sauf à l'arrêt (et même là), des changements dans la position de l'encolure font varier la répartition relative du poids ; l'équilibre d'un cheval en mouvement n'est pas statique : il peut varier à chaque instant. Pour cette raison, nous pensons plus juste de parler de l'équilibrage du cheval (équilibrage = action d'équilibrer).

En équitation académique, un cheval est, par exemple, au galop dans un parfait équilibrage pour partir en « appuyer » ; mais si le cavalier voulait à ce même moment faire exécuter à son cheval une pirouette, il ne le pourrait, son cheval n'étant pas dans l'équilibrage voulu.

Un cheval en équitation d'obstacles est en parfait équilibrage pour prendre sa battue afin de franchir un obstacle d'1 mètre. Cet obstacle soudain est élevé à 1,70 mètre..., le cheval alors ne pourra plus le passer, son équilibrage ne correspondant pas aux nécessités dynamiques de ce saut.

L'équilibrage doit correspondre au mouvement à effectuer. Il est donc éminemment variable.

Nous pensons plus juste et plus « imagé » de dire à un élève : « L'équilibrage du cheval varie en fonction de la répartition du poids entre l'avant et l'arrière-main. »

Imaginons un cadran de 180° dont l'aiguille indiquerait le centre de gravité du cheval, c'est-à-dire le degré d'équilibrage. Ce cadran comprendrait à ces deux extrémités des zones rouges signifiant que le cheval est déséquilibré, c'est-à-dire plus maître de sa masse. D'un côté, c'est le cheval sur « les épaules » (trop de poids sur l'avant-main) ; de l'autre, le cheval « acculé » (trop de poids sur l'arrière-main). Mais entre ces deux extrêmes, l'aiguille peut osciller sur une grande partie du cadran. Là, le cheval est « équilibré » c'est-à-dire maître de sa masse d'une façon générale, mais la répartition de son poids peut et *doit* varier en fonction du mouvement (ou saut) à effectuer.

A titre indicatif, rappelons que les expériences réalisées par le général Lhotte indiquent une répartition normale du poids du cheval à l'arrêt de cinq neuvièmes pour l'avant-main et quatre neuvièmes pour l'arrière-main.

Bien entendu, cette répartition varie selon le placer de l'encolure. Celle-ci, basse, allongée ou encapuchonnée, provoque un supplément de poids sur les épaules, alors que le ramener et tout relèvement de l'encolure reportent du poids sur les hanches.

Toujours selon le général Lhotte, le poids du cavalier (s'il se tient droit) est supporté aux deux tiers par les épaules. Et à cette époque, les cavaliers s'asseyaient assez en arrière.

On comprend en lisant ces simples chiffres le peu de sérieux « d'avancer l'assiette au maximum ». Alors que déjà, avec une assiette normale, le cavalier surcharge l'avant-main.

Il importe de comprendre qu'à toutes les allures, l'équilibrage du cheval est éminemment variable. Il dépend, bien entendu, du degré d'engagement des postérieurs, mais *aussi* du placer de l'encolure. Il est donc nécessaire de faire pratiquer aux élèves des exercices ayant pour but de leur apprendre à sentir ces variations d'équilibrage.

Exercice n° 33

Se mettre au trot – mains juste au-dessus du garrot travaillant la décontraction.

– Allongement. Accompagner l'allongement par le pivotement de la main et par une légère avancée vers le bas. Laisser flotter les rênes.

– Mettre les mains au-dessus de la bouche du cheval dans cet angle de 15 à 20°. Placer d'abord les mains en les avançant pour que les rênes continuent à flotter.

– Agir par un recul de la main et une tension indirecte (appui des doigts sur les rênes) tout en communiquant par les jambes de légères demandes impulsives. Le cheval va reporter du poids sur ses hanches et donc ralentir.

Note : Dans la très grande majorité des cas, l'action sur la bouche du cheval sera « infime » et dès que ce mouvement sera recommencé un certain nombre de fois, le cavalier constatera que le cheval effectue son ralentissement dès que le cavalier élève ses mains, sans même attendre la moindre tension des rênes.

Cependant, si au galop le cheval ne peut mécaniquement pas résister la chose lui est possible au trot. Dans ce dernier cas, lui donner une leçon de main exactement comme on donne une leçon de jambe. Si sur la légère tension de la rêne le

Les trois angles.
1. – Mains presque à la même hauteur que la bouche du cheval et travaillant horizontalement. Entretien de la mobilité de la mâchoire et de la décontraction de la nuque.
2. – Sur la demande d'allongement, la main accompagne en descendant légèrement. Rênes se détendant complètement.

3. – Élévation de la main au-dessus de la bouche du cheval. Main pivotant pour agir par légères et brèves oppositions selon l'axe bouche du cheval/ main du cavalier.

Variations d'équilibrage au galop

1. – Le cavalier est au galop, assis normalement, la longueur des rênes correspond avec la distance séparant ses épaules de la bouche du cheval.

cheval résiste et ne reporte pas son poids sur ses hanches, lui donner un coup sec (toujours dans le même angle) pour l'arrêter brusquement et le faire ensuite reculer. Recommencer si nécessaire mais si ce n'est au deuxième essai, automatiquement au troisième essai le cheval craignant le coup sec sur la commissure de ses lèvres, ralentira à la très légère indication. Le caresser, et le féliciter vocalement ; il aura compris.

L'élève doit donc chercher à faire reporter le maximum de poids sur les hanches du cheval. Le conserver au tout petit trop quelques instants, puis demander un nouvel allongement en ouvrant la main.

C'est un exercice à répéter énormément car il fait sentir à l'élève ce que sont les variations d'équilibrage.

Exercice n° 34

Mécaniser les variations d'angles des rênes au trot.

1) Position décontraction (mains juste au-dessus du garrot).

2) Pour tous changements de direction (donc pour incurver), descendre les mains très bas.

3) Au sortir de la courbe, remonter les mains à leur emplacement de décontraction.

4) Pour allonger, descendre les mains en les faisant pivoter.

5) Pour ralentir : monter les mains pour agir dans l'angle 15 à 20° au-dessus de la bouche.

6) Dès que le cheval a ralenti en reportant du poids sur ses hanches à l'allure souhaitée, redescendre

2. – Début de l'allongement demandé par les jambes et l'assiette. Les mains se sont légèrement avancées, les doigts complètement ouverts pour permettre au cheval d'allonger son encolure.

les mains au-dessus du garrot en les faisant pivoter pour reprendre le travail de décontraction sur un angle horizontal... et recommencer.

Recommencer... recommencer... toutes ces évolutions concernant les variations d'équilibrage par des changements de l'angle des rênes doivent devenir machinales et instinctives.

■ Départs au galop

Faire céder la nuque. Puis élever les mains, les rênes restant fluides. – La jambe extérieure vient doucement demander le départ au galop par une pression du mollet. – Sur l'automatique remontée de l'encolure du cheval les mains reculent, en restant toujours au-dessus de la bouche mais sans tension, afin que le cheval ne puisse reporter du poids sur ses épaules. – Ne plus bouger la barrière de la main. Le cheval sera alors forcément dans le galop correspondant avec son équilibrage, et ce dernier correspond avec le placer de l'encolure.

Pour arrêter : reculer la barrière (toujours dans l'angle montant).

Exercice n° 35

Le cheval étant dans un certain galop, descendre les mains pour le laisser allonger son encolure, donc reporter du poids sur ses épaules, donc allonger ses foulées, donc accélérer son allure.

Trois ou quatre foulées après : remonter les mains et reculer progressivement la barrière jusqu'à ce que le cheval ait repris son galop initial. Recommencer...

3. - Pour accompagner ce galop allongé, le cavalier s'est mis en équilibre, a raccourci les rênes en conséquence et a descendu les mains pour conserver les rênes détendues.

4. - Voulant reprendre, le cavalier monte les mains (en les avançant afin que la rêne reste détendue) pour les placer au-dessus de la bouche du cheval et sensiblement dans l'axe épaules/bouche du cheval.

5. – Le cavalier commence à reculer la barrière de ses mains. Pour le début du mouvement il s'est dressé sur les étriers, pour monter ses épaules. Ainsi, les mains agissent et reculent vers les épaules.

6. – Le cheval a remonté fortement la base de son encolure, renvoyant son poids vers ses hanches (cette rêne tendue pourrait faire croire que le cavalier effectue une « traction ». **Il n'en est rien,** les actions sur la bouche du cheval sont des « touches » brèves au rythme du galop). Fin de la foulée.

7. – Le cavalier est souplement revenu au fond de sa selle. Les rênes ont glissé des doigts pour reprendre la longueur correspondant avec cette nouvelle position.

OBSTACLE

ÉQUILIBRE DU CAVALIER

Peu de choses en équitation sont aussi simples, aussi faciles à apprendre que l'équilibre du cavalier sur l'obstacle.

En lisant tout ce qui a été écrit à ce sujet, on réalise à quel point l'équitation de saut d'obstacles est récente et comme son instruction en était il n'y a pas encore très longtemps aux balbutiements [1].

Or pourtant, il suffit pour avoir durant le saut un équilibre parfait en restant souple, solide, sans aucun changement d'assiette, de se mettre en équilibre, appuyer sur ses étriers, le poids dans le talon, sans sortir de la selle, et... c'est tout !

Du moment que le cavalier, au moment de la battue, penche légèrement son buste afin de mettre son centre de gravité dans la verticalité des étrivières, et qu'il reste franchement appuyé sur ses étriers, que le cheval parte de loin, fasse un petit pied, saute n'importe comment, si le cavalier ne bouge pas il restera dans un parfait équilibre.

Le problème est que l'élève, soit de lui-même, soit, il faut l'avouer parce qu'on le lui apprend, cet élève FAIT quelque chose. Au moment de la battue et durant le saut. Beaucoup sortent de leur selle en se dressant sur leurs étriers. D'autres jettent leur buste en avant. Certains avancent les mains... et se mettent ainsi en déséquilibre. D'autres encore redressent le buste... et prennent le coup de raquette de la selle, etc.

Que ce soit par un geste ou par un autre ces cavaliers en « faisant un mouvement » perturbent leur équilibre. Si l'obstacle s'est présenté dans une bonne foulée les conséquences ne sont pas trop graves, mais si le cheval part brusquement de loin, ou décide de faire une foulée de plus, et que le cavalier fasse son « quelque chose » en

1. En 1974, à l'École nationale d'équitation de Saumur, au cours des stages destinés à former de futurs moniteurs et instructeurs, avant chaque saut, lorsque l'élève se trouvait une quinzaine de mètres avant l'obstacle, il lui était systématiquement crié la formule suivante : « Ouvrez les genoux... poussez l'assiette en avant... Reculez les talons derrière les fesses. »

Vous pouvez essayer... mais je vous conseille de prendre auparavant une bonne assurance.

croyant à un autre emplacement de battue... c'est la catastrophe.

Expliquons la nocivité des deux défauts les plus fréquents :

Pencher brusquement le buste au moment de la battue

Le cavalier alors se met franchement en déséquilibre. Ses jambes reculent, les talons remontent. Conséquence : il n'est plus à son « poste de commande » puisque de par son déséquilibre il n'a plus l'indépendance de ses aides. A la réception il se trouvera encore plus en déséquilibre et il lui faudra une bonne foulée avant de pouvoir reprendre efficacement les « commandes ». Son cheval sera alors presque certainement sur les épaules. Alors qu'un cavalier restant toujours en équilibre peut à l'instant de la réception des antérieurs fixer la barrière de ses mains pour obliger le cheval à renvoyer immédiatement son poids sur les hanches.

Quand un cavalier se jette ainsi en avant au moment de la battue il lâche le contact et charge l'avant-main... et ensuite s'étonne si son cheval refuse de partir de loin, ou s'arrête, ou fasse un petit pied en catastrophe.

Le cavalier qui avance ses mains

Ce cavalier se met presque toujours lui aussi en déséquilibre. Pourquoi ? Faites une petite expérience ; mettez-vous en équilibre sur vos pieds avec des genoux ployés sensiblement comme ils le sont à cheval, coudes ployés. Vous êtes ainsi en équilibre ? Bien ! Alors avancez franchement vos mains en avant... vous allez immédiatement perdre l'équilibre. Cette avancée des mains, donc des épaules, change complètement votre centre de gravité.

Pour accompagner la bouche du cheval durant un saut il faut faire pivoter ses mains en les descendant légèrement, et ainsi l'équilibre du cavalier ne change absolument pas.

Il est aussi capital que durant le saut les rênes puissent glisser dans les mains si le cheval a besoin d'utiliser complètement son balancier, il faut impérativement qu'il ne risque jamais de se cogner sur la main [1].

1. La société « Jumping-Vidéo » a réalisé plusieurs cassettes de « chutes », en mettant bout à bout les chutes filmées dans de très nombreux concours. En dehors de l'aspect comique dû à la répétition de ces « séparations de corps » il est instructif de constater qu'un très grand nombre de ces chutes n'auraient jamais dû se produire et qu'elles sont dues aux deux mêmes causes.

Soit le cavalier – ou la cavalière – pensant que le cheval va partir de loin, se jette en avant. Le cheval fait alors une foulée supplémentaire, ou s'arrête... et c'est le divorce. Il y a de nombreux cas où le cheval après cette petite foulée saute l'obstacle sans le renverser pendant que son cavalier est propulsé dans les airs.

Soit le cheval prend une battue longue. Pour ce faire, fatalement il allonge son encolure et le cavalier – ou cavalière – qui tient à pleines et fortes mains ses rênes est brusquement tiré en avant, au point de tomber. D'autant que le malheureux cheval a pris un tel choc sur la commissure de ses lèvres qu'il se « casse » en l'air et souvent commet une très grosse faute.

L'auteur, sur Sucre de Pomme, *aux jeux Olympiques de Londres.*

■ Exercices concernant l'équilibre et l'aisance du cavalier sur l'obstacle

Exercice n° 36

Au galop moyen, se mettre en équilibre en restant au contact ou tout près de sa selle. Penser seulement à garder le genou fixe et le poids dans les talons durant tout le saut... et laisser faire le cheval sans aucunement se demander quand il va prendre sa battue.

Exercice n° 37

Sauts au trot. Venir rênes flottantes sur un petit obstacle au *trot enlevé*. A 5 mètres, en rentrant dans la zone de battue, arrêter le mouvement et rester dans le temps de suspension, en équilibre sur ses étriers. Bien entendu conserver toujours les genoux fixes et le poids dans les talons.

Pour tous les exercices concernant la mise en selle sur l'obstacle, les faire effectuer avec des rênes totalement en guirlande. Sur des rênes au contact, ou presque au contact, l'élève va instinctivement avancer ses mains ou tout son buste pour accompagner la bouche du cheval, et se mettre ainsi en déséquilibre.

Bien entendu un grand nombre de chevaux dès qu'ils aperçoivent devant eux un obstacle se précipitent. Cette réaction est, sauf cas exceptionnels, inculquée par les cavaliers qui ont fait réaliser à ces chevaux leurs premiers sauts. Le réflexe de « monter » (dans le sens de pousser) en arrivant sur l'obstacle est encore assez répandu. Les chevaux en concluent donc logiquement qu'ils doivent accélérer l'allure pour sauter. Ce qu'un dressage défectueux a créé, un meilleur dressage peut le détruire.

Pour cela, il faut avec patience – mais il est rare d'en avoir beaucoup besoin – venir *de loin* bien droit vers l'obstacle et à la moindre velléité du cheval (sauf dans les cinq derniers mètres) d'allonger l'allure, l'arrêter sèchement ; le gronder vocalement, afin qu'il comprenne avoir commis une chose interdite. Le faire reculer et recommencer...

Si le cheval ne cherche pas à allonger, l'arrêter *à la voix*, rester immobile quelques instants, reculer et recommencer. Et cela, très souvent les premiers temps, en arrêtant à des distances variables mais pouvant aller jusqu'à 3 ou 4 mètres à peine de l'obstacle.

Impérativement, arrêter le cheval par la voix ; ainsi l'ordre est clair et le cheval ne risque pas d'avoir la moindre hésitation. Si le cavalier veut arrêter par la seule opposition de ses mains le cheval peut avoir une hésitation, ne comprenant pas instantanément s'il s'agit d'une action ayant pour objet de faire simplement varier l'équilibrage ou si le cavalier ordonne l'arrêt.

Bien entendu lorsque le cavalier décide de faire sauter effectivement l'obstacle, les jambes vont se refermer, sans brusquerie mais nettement, pour donner de façon parfaitement claire l'ordre au cheval de franchir cette fois l'obstacle.

Exercice n° 38

Venir au trot *debout* sur un petit obstacle de 50 centimètres. Poids dans les talons et rênes en guirlande, s'efforcer de rester debout durant tout le saut.

La chose est un peu difficile lors des premiers essais car l'élève au dernier moment ploie les genoux, éprouvant une certaine appréhension à rester ainsi complètement debout. Il y parviendra vite et aura alors l'étonnement de sentir qu'il ne bouge absolument pas au cours de la trajectoire. C'est justement l'objectif de cet exercice : faire sentir qu'un cavalier appuyé franchement sur des étrivières verticales demeure toujours dans un parfait équilibre.

Exercice n° 39

Venir rênes en guirlande *au pas* – bien droit – à environ 5 mètres de l'obstacle, donner l'ordre de saut par une petite action de jambes mais surtout par un claquement de langue. Mise en équilibre du cavalier dès qu'il sent le cheval prendre sa battue.

Exercice n° 40

Exercice extrêmement efficace pour les cavaliers ayant du mal à rester immobiles au moment de la battue : mettre un obstacle de 1 mètre à 1,10 mètre le long du mur d'un manège ou de la clôture d'une carrière.

Ne faire cet exercice qu'avec un cheval franc. Par précaution mettre une personne en « oreille » du côté où le cheval pourrait dérober.

Une autre personne se place à une distance à varier (entre 12 et 25 mètres) avant l'obstacle, très légèrement sur le côté. Lorsque l'élève, rênes en guirlande, passe au petit galop à côté de cette personne, il doit la regarder et ne plus la quitter des yeux ; il est donc obligé de tourner la tête et de regarder derrière lui par-dessus son épaule. Il se met en équilibre sur ses étriers... et c'est tout.

Le cavalier ne doit pas savoir sur quelle foulée le cheval va prendre sa battue. Pour cette raison, la personne à regarder doit varier la distance à laquelle elle se place par rapport à l'obstacle, sinon l'élève pressentira l'instant du saut.

Les premières fois l'élève éprouve un peu de mal à ne pas jeter un coup d'œil vers l'obstacle. Il faut insister jusqu'à ce qu'il ose réellement ne pas chercher à savoir sur quelle foulée le cheval sautera. Nous lui garantissons de la façon la plus formelle que s'il se trouve simplement en équilibre sur ses étriers, son cheval pourra partir de loin, faire un petit pied en catastrophe, lui, le cavalier, *ne bougera pas.*

C'est le meilleur exercice pour faire sentir à l'élève que le saut ne perturbe en rien l'équilibre du cavalier si celui-ci ne bouge pas son buste (en dehors de la petite avancée nécessaire pour se mettre en équilibre) et n'a aucun mouvement perturbateur.

Le cavalier tourne complètement sa tête pour regarder derrière lui par-dessus son épaule. Il se met seulement en équilibre sur les étriers mais en restant près de sa selle.

Exercice n° 41 : Apprendre à laisser glisser les rênes dans la main durant le saut.

Exercice n° 41

Venir vers l'obstacle au petit galop mais en équilibre, le buste assez penché pour avoir des rênes assez, ou même, si possible, très courtes. Laisser sauter le cheval en non-intervention mais dès le début de la trajectoire, l'élève redresse son buste et ramène ses mains contre sa poitrine ; bien entendu en laissant glisser ses rênes de façon qu'elles passent de 40 à 50 centimètres au moment de la battue à environ 1,20 mètre à la réception.

C'est un exercice *capital* pour donner à l'élève le réflexe de ne jamais « retenir » ses rênes durant le saut mais de les tenir de telle manière qu'elles puissent toujours glisser dans la main.

***

Si le cavalier peut accompagner tous les sauts en conservant tout le temps le *même* contact léger avec la bouche de son cheval, c'est qu'il est réellement maître de son équilibre et de ses aides supérieures.

Quand un élève accompagne systématiquement toutes les trajectoires en conservant un contact constant, il acquiert *extrêmement vite* un sens réel, une compréhension véritable de la mécanique du saut.

Un jeune cavalier à qui on fait poser les mains sur l'encolure pour sauter n'est plus, durant toutes les trajectoires, qu'un « paquet » sur le dos de son cheval. Il est transposé de l'autre côté de l'obstacle. Il pourra sauter ainsi durant des années sans rien sentir.

S'il reste en contact constant, il épouse des bras, des épaules, tous les mouvements du cheval durant sa trajectoire. Il se lie à cette gymnastique, à sa mécanique ; il en vit les phases et il commence alors, en ce domaine, à acquérir le bien suprême de l'équitation : le sentiment.

Pour quelles raisons allons-nous faire travailler toute notre gamme d'exercices en contact constant, avec des mains assez écartées ?

Pour les mêmes raisons que sur le plat, parce que l'angle entre la commissure des lèvres du cheval et les rênes joue un indispensable rôle d'amortisseur.

Imaginons que notre cavalier ait des rênes absolument parallèles à l'encolure ; si le cheval durant le saut allonge son encolure de 25 centimètres, par exemple, il faudrait que le cavalier accompagne ce mouvement de très exactement 25 centimètres et de façon parfaitement simultanée ; c'est pratiquement impossible. Par contre si les mains sont écartées de manière à ce que les rênes forment un angle de 20 à 30 ° par rapport à l'encolure, cet angle servira d'amortisseur. Le cheval en allongeant son encolure *rapproche* les deux branches de l'angle au lieu de les tirer en avant. Grâce à cet amortisseur et en s'habituant à pivoter les mains, l'élève peut rester souplement en contact constant ou en retirant tous les avantages que nous avons précédemment évoqués.

Exercice n° 42

Petit obstacle, contact constant, abord au petit galop cadencé – ne

Exercices sur le plat pour s'habituer à pouvoir conserver un même contact constant dans des angles divers. Au trot, au galop, effectuer doucement de grandes variations de position des mains en conservant un même léger contact constant. Observez le travail « mains ouvertes » permettant, par l'appui des doigts, une grande précision et une extrême finesse de la main.

Exercice n° 42 : conservez durant toute la trajectoire un contact constant et léger avec la bouche du cheval. Seul le jeu des doigts peut assurer cette précision. Il faut donc que la main pivote, la paume se tournant vers l'extérieur, sur un assez grand écartement du couloir des rênes.

pas intervenir pour un quelconque réglage – le cavalier aborde au galop assis et se mettra en équilibre juste au moment de la battue. Ses deux mains sont franchement écartées et sur une longueur de rênes permettant aux coudes de jouer souplement.

Objectif : conserver avant, pendant et trois foulées après le saut exactement un même contact *extrêmement* léger avec la bouche du cheval.

Exercice n° 43

Idem. Mais cette fois le cavalier aborde au « galop enlevé » (alternance une foulée assise, une foulée en équilibre...).

Exercice n° 44

Travail en 8, au trot enlevé, petit obstacle sauté en contact constant.

Nous appelons « travail en 8 » le fait de sauter un obstacle en décrivant entre chaque saut des voltes alternées à droite et à gauche. Il ne s'agit pas, entre chaque saut de seulement effectuer un 360° avant de se retrouver à nouveau devant la barre. Tout l'intérêt de cet exercice, dont nous allons beaucoup user, réside dans la rigueur avec laquelle les voltes sont exécutées. C'est durant la fin de la trajectoire de saut que l'élève doit commencer à incurver son cheval ; il doit ensuite s'efforcer de respecter la régularité du dessin de la volte (environ 10 mètres de diamètre) tout en veillant à conserver le cheval *droit*, donc incurvé exactement en fonction de la courbure de la volte, sans qu'épaules ou hanches ne tombent à l'intérieur ou ne chassent à l'extérieur.

Ce « sens » de l'incurvation est capital en équitation d'obstacles, discipline qui se pratique très souvent sur la courbe. Pour un élève, rester en contact constant avec la bouche de son cheval tout en respectant la régularité de voltes alternées entre chaque saut, oblige à une grande précision de mains, disons même à une très bonne dextérité afin de passer souplement d'une incurvation à droite à une incurvation à gauche.

Il y a intérêt, au début, à tracer sur le sol la ligne des deux voltes afin que l'élève n'ait plus qu'à la suivre.

Bien veiller à ce qu'il respecte la courbe de la volte jusqu'à l'obstacle. Souvent il aurait tendance à serrer la fin de sa volte et à terminer les derniers mètres précédant l'obstacle en ligne droite, le prenant de travers. L'exercice perd alors une grande partie de sa valeur.

Bien entendu ce travail exige de permanentes variations de la longueur des rênes. Raccourcissement de la rêne intérieure et allongement de celle extérieure.

Exercice n° 45

Saut en 8 au petit galop assis. Contact constant (toujours, répétons-le, sur des mains écartées). Le cheval doit se recevoir sur le pied correspondant à la volte à venir.

Même principe que pour l'exercice n° 36. Le cavalier est assis, conservant un contact constant avec la bouche du cheval, et met seulement son poids dans les étriers au moment de la battue. Dans la partie descendante de la trajectoire, le cavalier doit commencer à incurver son cheval dans le sens de la volte à effectuer, en déplaçant légèrement sa propre assiette du côté contraire, avec une légère pression de jambe afin que le cheval se réceptionne sur le pied désiré.

Exemple : pour partir sur une volte à droite, le cavalier va durant la fin de la trajectoire du saut :

- mettre la plus grande partie de son poids dans l'étrier gauche ;
- avoir une pression du mollet gauche ;
- incurver légèrement le bout de devant vers la droite, mais la main droite doit agir à gauche et en arrière du garrot pour tenir l'épaule.

Ainsi l'élève apprend à savoir demander à son cheval une réception sur le pied désiré – connais-

L'équilibre sur l'obstacle

1. – Le cavalier a mis son centre de gravité dans la verticalité de l'étrivière. Pencher légèrement le buste suffit. Sur ce document, Étienne Laboute a préféré se pencher davantage, aussi ***a-t-il reculé son bassin*** *en conséquence. Le poids est dans le talon. L'étrivière demeurera verticale durant toute la trajectoire ; le cavalier est à l 'aise, maître de son équilibre. La main est ouverte ; elle a pivoté sur elle-même pour que la simple pression des doigts vers l'extérieur assure la légèreté du contact constant. En cas de demande d'encolure du cheval, la rêne glisserait dans la main.*

sance absolument indispensable en compétitions de saut d'obstacles.

Exercice n° 46

Effectuer le même exercice en 8, contact constant, galop enlevé.

Exercice n° 47

Toujours le même travail en 8, contact constant, mais cavalier en équilibre normal sur ses étriers.

Exercice n° 48

Variations de réception de pied en ligne droite.

Même technique que pour l'exercice n° 41, mais en conservant le cheval sur la ligne droite.

Faire effectuer la gamme :

- battue prise sur le pied droit, réception pied droit ;
- battue prise sur le pied droit, réception pied gauche ;
- battue prise sur le pied gauche, réception pied droit ;
- battue prise sur le pied gauche, réception pied gauche.

Exercice n° 49

Faire sauter l'élève sur des obstacles isolés et en 8, en contact constant et en variations de position de mains et de longueur de rênes.

Il est important de faire beaucoup sauter l'élève en variant ses positions de mains et sa longueur

2. – *Le cavalier redresse son buste, ainsi l'étrivière restera verticale et à la réception, le cavalier sera totalement maître de ses aides.*

de rênes (une rêne courte, une longue, une main basse, une haute, etc.). Mais bien entendu il doit toujours accompagner ses sauts en conservant un contact léger et constant avec la bouche du cheval.

Tous ces exercices sont extrêmement importants car, s'ils sont bien réalisés, patiemment, régulièrement, ils donnent à l'élève ce bien précieux entre tous, mais absolument indispensable pour parvenir à un haut niveau : l'aisance.

A la fin de ce stade, l'élève doit avoir le sens de l'équilibre, accompagner souplement la trajectoire de saut avec une grande sobriété de mouvements du buste ; s'il peut conserver toujours un contact constant en variations de position de mains et de longueur de rênes, c'est qu'il est maître de ses aides supérieures.

On peut donc passer maintenant à l'étude du contrôle du cheval à l'abord.

A titre indicatif, disons qu'un élève débutant moyennement doué, montant un cheval tous les jours, doit pouvoir parvenir à ce stade au bout de six mois. S'il s'agit d'un jeune ayant déjà le deuxième degré, trois mois doivent suffire.

LE CONTRÔLE DE L'ABORD

Vieux problème ! Il y a quarante ans, « interventionnistes » et « non-interventionnistes » se disputaient avec violence. Aujourd'hui personne ne peut tout de même prétendre sérieusement que le cavalier ne doit pas intervenir durant un parcours.

L'évolution des compétitions d'obstacles, les évidentes « interventions » de tous les grands cavaliers internationaux, ne permettent plus de continuer à affirmer que le fin du fin de l'équitation d'obstacles est de laisser au cheval le soin de régler lui seul son abord. Or pourtant rien n'a été changé au niveau de l'instruction.

En quoi consiste le fait de régler l'emplacement de la battue ? Régler l'amplitude des deux, trois ou quatre dernières foulées de façon que le cheval prenne sa battue à une bonne place de départ.

Ce réglage s'effectuera toujours en comprimant – donc en raccourcissant les foulées.

Nous disons bien raccourcir seulement, car un réglage ne saurait se faire en allongeant. Nous avons fait des études à ce sujet et nous avons constaté que lorsqu'un cavalier monte en « action croissante » les foulées du cheval ne s'allongent que très peu. Les cavaliers ayant l'impression que c'est grâce à l'allongement de leurs dernières foulées qu'ils se sont suffisamment rapprochés pour pouvoir prendre une battue de loin se trompent. Ce n'est qu'une impression mais ne correspond pas aux réalités mécaniques. En réalité, le fait de monter en action croissante engendre une petite accélération de la cadence et un léger report de poids vers les épaules. Ce report et la légère augmentation de vitesse due à l'accélération de cadence mettent alors le cheval en parfaite condition pour attaquer son obstacle de loin sur une trajectoire plus allongée.

Nous devons donc conclure que le cavalier prenant une battue longue le fait *parce que cette battue se présente naturellement ainsi.* Il n'a pas changé l'amplitude de ses foulées pour « régler » ; il a seulement fait varier l'équilibrage et le train pour donner au cheval les conditions lui permettant de prendre la battue longue se présentant.

Mais le réglage, c'est-à-dire une variation d'amplitude des foulées afin de placer la battue exactement où le cavalier le souhaite ne peut s'effectuer QUE par une diminution de la longueur des foulées.

Bien entendu il arrive que le cavalier s'apercevant que les foulées vont tomber juste à l'emplacement cherché n'a qu'à laisser continuer son cheval en action constante : mais si tel n'est pas le cas et qu'il soit nécessaire de changer l'amplitude des foulées, ce sera toujours par une diminution de la longueur de celles-ci.

Ceci sous-entend trois choses et appelle une remarque : d'abord pour régler il faut visualiser ses foulées ; imaginer devant soi les foulées à venir pour sentir de combien il est nécessaire de les changer. Ensuite pour pouvoir effectuer le réglage voulu, il faut avoir un cheval dressé, continuant à obéir aux aides du cavalier sans que la proximité de l'obstacle ne perturbe sa soumission. Enfin, il faut, et cela est un mot clé de l'équitation d'obstacles, il faut que le cavalier soit « maître de la masse ». Or le cavalier ne saurait avoir cette maîtrise si le cheval n'est pas d'abord lui-même totalement maître de sa propre masse.

La base fondamentale du saut est donc qu'un cheval entrant dans la zone d'abord (15 à 18 derniers mètres) soit dans un équilibrage lui donnant la possibilité de varier ses foulées autant que nécessaire. Sinon le saut devient une loterie – un coup ça « passe », parce que la chance a bien voulu que les foulées se présentent relativement bien, un coup les barres dégringolent parce que la battue se présentant mal, le cheval et son cavalier ne pouvaient physiquement pas varier suffisamment l'amplitude des foulées.

Tous les exercices à venir doivent d'abord se travailler au petit galop. C'est seulement lorsque le cavalier pourra régler de façon mathématique à cette allure qu'il pourra l'augmenter.

Exercice n° 50

Réglage de battue, petit obstacle vertical (environ 0,80 mètre). L'élève aborde au petit galop. Les premières fois assis dans sa selle, plus tard en équilibre, l'élève doit varier pour être aussi à son aise d'une façon que de l'autre.

Il sait qu'il doit régler la battue quoi qu'il arrive. Et quoi qu'il arrive, il doit commander ! S'il se trompe..., tant pis ! Il est là pour apprendre. Ce qui est inadmissible, c'est le cavalier qui, voyant la foulée arriver mal, abandonne lâchement les commandes, laissant soudain le pauvre cheval se débrouiller. L'élève doit bien se persuader qu'à partir du moment où il décide de régler l'abord de l'obstacle, il doit assumer cette responsabilité jusqu'au bout. C'est d'ailleurs sur le plan pédagogique une des choses les plus difficiles : aider l'élève à acquérir le sens de « l'autorité ».

Revenons à notre exercice : l'emplacement de la battue peut varier d'environ 1,30 mètre (de 1,20 mètre à 2,50 mètres de l'obstacle). Les foulées (au petit galop) étant d'à peu près 2,20 mètres, l'élève aura un réglage assez faible à réaliser. Au moins une fois sur deux, il n'aura d'ailleurs rien à faire, les foulées arrivant naturellement juste. Dans ces cas-là, il est cependant important que l'instructeur sache si le saut est bon par pur hasard ou si l'élève avait effectivement visualisé son abord. Aussi, dans cet exercice, il faut que l'élève crie « oui » à l'instant même où il visualise ses foulées. Son instructeur sait alors à quelle distance l'élève a vu (ou cru voir, car bien entendu il se trompe de temps en temps).

Les buts de cet exercice de base sont :

- donner à l'élève l'habitude de prendre totalement à son compte le réglage de l'abord ;
- commencer à lui faire travailler sa « visualisation » ;
- lui faire sentir de combien peut varier la longueur des foulées dans cette zone d'abord (il est bon d'avoir pour cela un cheval dans un équilibre très reculé) ;
- durant les trajectoires, le cavalier reste *toujours* en contact constant.

C'est, bien entendu, un stade où il faut s'attarder. Il est nécessaire que l'élève saute ainsi beaucoup de petits obstacles. C'est seulement lorsqu'il commencera à relativement *bien* visualiser ses foulées et aura acquis une certaine « mécanisation » du réglage, qu'il pourra passer aux exercices suivants.

Résumons encore pour être clair : petit obstacle, abord au petit galop (très ralenti). L'élève se concentre pour visualiser ses foulées. Dès qu'il a vu (ou croit avoir vu), il crie « oui » et agit en conséquence, c'est-à-dire reste en action constante, ou monte en action croissante, ou diminue l'amplitude des foulées.

Exercice n° 51

Petit obstacle vertical, petit galop, réglage de la battue mais seulement en action croissante.

Le problème est le même que dans l'exercice n° 47, à la différence près que, maintenant, le cavalier peut aborder uniquement en action constante ou croissante.

Exercice n° 52

Petit obstacle vertical, petit galop, réglage de la battue mais seulement en action décroissante.

L'exercice est le même que précédemment, à la nuance près que cette fois le cavalier ne peut aborder qu'en action constante ou décroissante.

Les deux derniers exercices permettent à l'instructeur de savoir tout de suite ce qui est plus facile pour son élève ; certains voient instinctivement mieux en action croissante ; d'autres, au contraire, visualisent plus aisément en action décroissante.

Il est bien évident qu'il faut alors faire travailler l'élève plus souvent dans le style lui présentant le plus de difficultés.

Exercice n° 53

Petit obstacle, petit galop, un repère (mouchoir, par exemple) est placé devant l'obstacle à une distance variable (entre 1, 1,20 et

2,50 mètres). L'élève doit régler ses foulées de manière à placer sa battue sensiblement à hauteur du repère. Il peut régler à son gré en action croissante ou décroissante.

Il ne s'agit pas de chercher à ce que le cheval pose littéralement son sabot sur le repère. Il faut seulement commencer à être plus précis dans le réglage. L'exercice est bien réalisé si le cheval prend sa battue dans une zone d'environ 40 centimètres (20 devant ou 20 après le repère).

TRÈS IMPORTANT : Si les jambes au cours des dernières foulées doivent être actives, si elles doivent canaliser le cheval de façon rythmée, elles ne doivent jamais bousculer. Il existe une grande différence entre une jambe agissant impulsivement mais sans bousculer et celle qui, agissant trop brusquement, « jette » le cheval en avant.

L'action des jambes doit être aussi dosée que celle des mains. Dès maintenant, l'élève doit penser à ce principe absolu : *à l'abord de l'obstacle, toute action des jambes supérieure au strict nécessaire est au détriment de la hauteur de la trajectoire.*

Attention aussi de n'agir par les aides supérieures qu'avec une *extrême* légèreté. Si le cavalier cherche à effectuer des reprises en force, le cheval se contractera et les postérieurs ne pourront plus venir sous la masse. Le cheval doit répondre à une simple indication. S'il n'obéit pas à cette dernière, il faut l'arrêter sèchement, lui demander un reculer, et recommencer. Ceci jusqu'à ce qu'à la moindre opposition de la main le cheval comprime sa foulée en reculant son centre de gravité. Nous conseillons d'ailleurs aux jeunes cavaliers de faire ce travail en tenant leurs rênes simplement pincées entre le pouce et les deux doigts (index et majeur). Ils seront étonnés probablement de constater comme un cheval obéit bien plus aisément à des actions très légères qu'à des actions de force.

> ***Plus on fait... moins ça va***
> ***Moins on fait... plus ça va***
> ....
> ***Tâchez d'intriguer par la discrétion de vos aides.***
>
> ***N. Oliveira***

Exercice n° 54

Sauts d'obstacles isolés, réglage de la battue, recul du centre de gravité durant les dernières foulées.

Nous ne pouvons dans ce livre d'instruction analyser les règles fondamentales de la mécanique du saut et définir dans les détails notre doctrine. Si nous n'expliquons donc pas ici pourquoi nous recherchons systématiquement le recul du centre de gravité du cheval à l'abord de l'obstacle, nous allons cependant expliquer *comment.*

Nous cherchons à sauter grâce à un effet de détente et non de puissance musculaire. Cela implique que le cheval doit être mis devant l'obstacle dans d'excellentes conditions dynamiques.

Aussi est-il nécessaire d'obtenir un report de poids sur l'arrière-main afin d'alléger l'avant-main en même temps – bien entendu – qu'une avancée des postérieurs sous la masse.

Le mouvement type est le suivant : le cheval à l'abord lointain est au galop dans un certain équilibrage (moyen). Au cours des trois ou quatre dernières foulées, le cavalier doit diminuer légèrement l'amplitude de celles-ci tout en conservant son cheval dans un placer élevé.

Il se produit alors :

- une élévation de la base de l'encolure ;
- un allègement de l'avant-main ;
- une augmentation de l'engagement par abaissement des hanches.

L'ensemble de ce mouvement provoque un recul du centre de gravité du cheval.

Certaines personnes, mal informées, ont parlé de « la foulée décroissante » comme base de doctrine ; c'est une fausse analyse. La diminution de l'amplitude des foulées n'est qu'un moyen. L'essentiel est d'amener le cheval à sa battue de départ en lui faisant reculer son centre de gravité et en le conservant dans un placer très relevé.

Les doigts ferment la barrière, le cheval doit cependant rester très léger, la main veille à ce qu'il demeure dans un placer assez haut. L'angle de la nuque reste légèrement ouvert, mais elle doit rester souple, et sur l'opposition de la main toute la masse obéit. Les jambes, bien entendu, doivent être actives ; c'est elles qui changent l'équilibrage en obligeant les hanches à s'abaisser et en permettant ainsi aux postérieurs de s'engager davantage.

Un cheval qui n'a pas encore été travaillé ainsi sur l'obstacle, est étonné durant les premières leçons. En général, il a été habitué au contraire, à porter son poids en avant durant la dernière foulée, le cavalier le « poussant » en ouvrant les doigts (nous parlons là de ce qui se fait le plus couramment, *hélas !*). Se sentant « repris » en arrivant sur l'obstacle, le cheval a au début tendance à se désengager et à retomber éventuellement au trot. Il faut alors l'arrêter, l'immobiliser, le faire reculer, puis revenir. Ceci autant de fois qu'il est nécessaire afin d'obtenir le mouvement souhaité.

Quand un cavalier parvient à faire reculer le centre de gravité de son cheval avant la battue, la trajectoire au-dessus de l'obstacle est soudain de 10 à 15 centimètres plus haute que lors des sauts précédents ; le cavalier sent alors son cheval « basculer » sous lui.

C'est encore un aspect capital : un saut peut être rond ou basculé. Cette dernière manière, la plus efficace pour le passage des postérieurs, ne peut se pratiquer que si le cheval au moment de la battue a un équilibrage très reculé.

PRÉPARATION DU CHEVAL D'OBSTACLES

Les premiers temps il est d'abord nécessaire de donner confiance au cheval. L'obstacle doit être pour lui une chose naturelle n'engendrant aucune excitation ni crainte.

Dans ce but, commencer par pas mal de sauts de pied ferme : venir vers l'obstacle, bien droit, au pas, et ne donner par une petite action des jambes et surtout par un claquement de langue, l'ordre de sauter qu'à 4 ou 5 mètres de l'obstacle (vertical ou petit oxer d'environ un mètre). Parfois : arrêter à 4 mètres de l'obstacle, rester immobile quelques secondes, puis sauter et arrêter bien droit tout de suite après le saut.

Par la suite : sauter au *petit trot,* puis au galop. Toujours à des allures lentes et rênes en guirlande. Le cheval doit venir franchir ces petits obstacles sans précipiter le moins du monde l'allure. S'il cherche à le faire : l'arrêter sèchement dès qu'il commence à accélérer, reculer, recommencer, et ce jusqu'à ce qu'il comprenne qu'il n'a pas le droit d'allonger son allure.

Sauts au petit trot et au petit galop mais en obligeant le cheval à aborder avec un placer relevé (ceci est très important pour la suite). Bien entendu la main en opposant une barrière et agissant, si nécessaire, par petites actions sur la bouche, oblige le cheval à se soutenir de lui-même sans s'appuyer le moins du monde sur la main.

Sauts en incurvation au trot.

Franchissement de quatre, cinq ou six obstacles disposés à courte distance les uns des autres – entre 6,50 mètres à 7 mètres. Une entrée toujours assez facile ; on peut progressivement monter les autres obstacles. C'est un travail concernant la gymnastique du saut, mais aussi il habitue le cheval à aborder cette masse d'obstacles, impressionnante visuellement parlant. Il apprend ainsi à ne pas s'inquiéter de cet effet d'optique et comprend qu'entre chaque saut il aura la place d'effectuer une foulée de galop.

Autre excellent exercice de gymnastique : un triple de verticaux placés à 3,50 mètres et 5,50 mètres. Le cheval fait un saut de puce entre les deux premiers obstacles et une foulée courte avant le troisième. Il faut commencer extrêmement bas mais peu à peu monter jusqu'à ce que les deux premiers obstacles aient environ 90 centimètres. Le troisième lui est progressivement élevé jusqu'à 1,40 mètre, voire un peu plus.

Cet exercice apprend aux chevaux à utiliser leur encolure pour « tirer » la ligne dorsale durant la trajectoire et à monter les épaules.

Avant de voir comment nous conseillons de travailler le saut par la suite il nous faut d'abord insister sur l'esprit dans lequel ce travail doit s'effectuer.

> ***Chaque demande du cavalier oblige le cheval à une certaine attention. Il en résulte une fatigue des facultés psychiques beaucoup plus rapide que la fatigue physique. Cette fatigue conduit à l'énervement et, de là, aux défenses que l'on a tort de prendre pour un « mauvais vouloir ». Il est donc nécessaire de donner des repos fréquents et de savoir récompenser dès que le cheval a bien exécuté.***
>
> ***Jousseaume***

Notre objectif est que le saut devienne une action mathématique, plus ou moins, bien entendu, selon que l'on saute en non-intervention ou en contrôle et dans un style permettant au cheval de sauter avec le minimum d'efforts.

Il s'agit d'une recherche de style sur l'obstacle. Il est donc nécessaire que le cheval aborde dans des conditions correspondant à ce style. Pour pouvoir régler ces conditions, le cavalier doit avoir un cheval soumis, et la soumission, elle, exige d'abord le calme.

Nos objectifs sont donc : calme et tranquillité, soumission et obéissance du cheval, recherche des conditions permettant au cheval de sauter dans un bon style, c'est-à-dire en fournissant le minimum d'efforts musculaires par rapport à l'obstacle considéré.

Tout cela doit s'apprendre et donc être le fruit de « leçons » données au cheval.

Si l'on veut instruire un élève, il est d'abord nécessaire d'avoir un plan de travail progressif respectant une logique pédagogique. Ensuite, il faut dire à cet élève quand il se trompe ou quand il fait bien.

Quand nous demandons à un jeune garçon l'année de la mort de Napoléon, s'il nous répond « 1643 », nous lui disons qu'il se trompe quelque peu. Si nous ne lui disons rien, il persévérera dans son erreur.

Cela peut paraître une boutade, mais que l'on ne s'y trompe pas, le rapport est réel avec l'instruction d'un cheval et pose en ce qui concerne l'obstacle un véritable problème.

Il va nous obliger à instruire notre cheval sur l'obstacle dans un certain esprit, faute de quoi son éducation se heurterait à de graves difficultés.

La première chose, et nous insistons en raison du manque de rigueur propre à un grand nombre de cavaliers, est de sauter *toujours* avec un *objectif précis.*

Surtout ne pas sauter comme ça, à tout hasard, histoire de passer des barres. Notre objectif n'est pas de franchir un obstacle ; bien sûr, tant que celui-ci est petit le cheval peut se débrouiller ; mais s'il saute mal, dans un mauvais style, les ennuis commenceront dès que le cavalier voudra aborder des obstacles plus gros et plus difficiles.

Pour lui apprendre à bien sauter, il faut avoir un plan. On n'enseigne pas sans savoir et définir ce que l'on veut enseigner.

Donc avoir toujours un objectif précis. Bien entendu, cet objectif va évoluer au fur et à mesure des progrès. Il peut, par exemple, être à un certain stade de sauter au petit trot rênes longues avec un cheval arrivant calmement, parfaitement droit et à cadence constante ; comme il peut être plus tard, par exemple, de venir sauter au petit galop, équilibrage constant et sur une battue plutôt près.

Par ailleurs, pour apprendre quelque chose à un élève, il est nécessaire, répétons-le, de pouvoir lui dire quand il fait bien et quand il fait mal.

Or, cette nécessaire communication pose un problème pour le dressage du cheval sur l'obstacle.

Lorsque nous travaillons sur le plat, il nous est loisible de sanctionner un mouvement défectueux. Un éclat de voix suffit pour indiquer au cheval d'une façon parfaitement claire pour lui qu'il a mal fait. Le contraste avec l'approbation manifestée quand le mouvement est mieux réalisé suffit à faire comprendre au cheval ce que l'on attend de lui. C'est la notion du bien et du mal.

Mais sur l'obstacle ? Si un cheval le franchit, même s'il le fait de la façon la plus défectueuse qui soit..., nous ne pouvons pas ensuite manifester une quelconque réprobation. Le cheval ne comprendrait absolument pas. Dans la mesure où il a effectivement franchi l'obstacle qui lui était présenté, qu'il a fait l'effort de passer les barres sans les renverser, il a fait preuve de bonne volonté. Il ne pourrait pas comprendre donc la cause d'une réprimande, et, comme toujours lorsqu'un cheval ne comprend pas ce que l'on attend de lui, il s'inquiéterait, s'affolerait ou se rebellerait.

On ne saurait entrer avec un cheval dans des considérations d'ordre métaphysique. Comment lui dire : « Tu as été franc et généreux, c'est bien, mais par ailleurs ton équilibrage laisse à désirer, et tu n'aurais pas dû te contracter sur la main... » ?

Nous ne pouvons dire à un cheval que : « C'est bien » ou « c'est mal ». C'est déjà beaucoup, mais notre communication s'arrête là. Alors ?

Alors, nous devons nous servir de deux des particularités du cheval. La première : sa prodigieuse mémoire ; la seconde : sa tendance à toujours recommencer un même geste.

Montons trois obstacles de suite en action croissante durant les trois dernières foulées, au quatrième obstacle le cheval précipitera de lui-même son abord. Montons ces mêmes trois obstacles en action décroissante, au quatrième le cheval aura tendance à se reprendre de lui-même. C'est une loi.

Donc, comme nous ne pouvons communiquer totalement, notre objectif sur l'obstacle doit être de faire effectuer au cheval de bons sauts, des sauts correspondant à notre leçon. Le cheval ayant tendance à refaire la même chose prendra ainsi l'habitude de bien sauter.

Faire de bons sauts, c'est le but de tout cavalier d'obstacles, nous dira-t-on, mais il ne suffit pas de le vouloir. Bien évidemment, n'effectuer que des sauts parfaits relève du rêve.

Il est possible cependant de limiter considérablement les mauvais sauts, donc les mauvaises leçons. C'est en ne sautant que lorsque toutes les conditions mécaniques souhaitées se trouvent réalisées.

C'est à la fois facile et difficile... si nous en croyons les faits. Nombre de cavaliers convaincus du bien-fondé de ce principe l'oublient dès qu'ils se trouvent devant un obstacle ; instinctivement ils veulent le franchir.

Il s'agit donc pour le cavalier-dresseur d'être dans un certain climat consistant à penser : « Je veux sauter cet obstacle de telle et telle façon », mais si au cours de l'abord un élément d'ordre mécanique ne va pas permettre au cheval de réaliser le saut souhaité - désengagement, contraction soudaine, épaule qui tombe, hanche qui chasse... -, alors le cavalier arrête, *à la voix,* tranquillement, marque l'immobilité et revient à nouveau vers l'obstacle. Le franchissement effectif ne doit se demander que si le cheval se trouve dans toutes les conditions mécaniques et psychiques requises. Dans ce cas, le saut ne sera pas forcément idéal, mais il a tout de même le maximum de chances d'être à peu près dans le style souhaité. Donc de représenter une *bonne* leçon pour le cheval.

Il est important surtout, *surtout* d'éviter au maximum au cheval les sauts mauvais, difficiles, qui non seulement ne lui apprennent rien mais risquent seulement de l'inquiéter, l'apeurer et lui faire perdre confiance.

Combien souvent voit-on un cavalier qui, arrivant vers un obstacle à l'entraînement - nous ne parlons pas de la compétition là où il y a l'impératif d'essayer de franchir tout de même l'obstacle -, qui donc à une quinzaine de mètres sent, par exemple, son cheval se désunir et tomber au trot, et dont la réaction est de « pousser » vite son cheval pour le remettre au galop et sauter l'obstacle. C'est littéralement dément !

A quoi ce saut aura-t-il servi ?

Le cheval ainsi jeté en avant sera

complètement sur les épaules ; il sera donc dans des conditions détestables au moment de la battue. Quelle utilité aura eue ce saut ? Aucune ! Il représentera même une très mauvaise leçon.

Mais nous le savons, d'aucuns disent : « Il ne faut jamais arrêter devant un obstacle, c'est risquer de mettre son cheval au refus. »

C'est une erreur totale démentie par des générations de très grands cavaliers qui ont pratiqué de très fréquents arrêts à l'obstacle durant l'entraînement.

Enfin, le but n'est pas d'inculquer à un cheval la fuite en avant par la terreur des conséquences d'un arrêt. Cela relève d'une équitation primaire. L'objectif est la franchise du cheval par sa soumission aux ordres. Celle-ci sera d'autant plus facilement obtenue par la confiance, et cette dernière découle tout naturellement lorsque le cheval ne saute que dans de bonnes conditions.

Les arrêts devant l'obstacle sont bien entendu plus fréquents les premiers temps. Plus le cheval progresse, et moins la chose sera nécessaire.

Autre point important, au stade du travail sur les obstacles isolés, il faut toujours arrêter immédiatement après l'obstacle et parfaitement droit. De même, il est préférable de commencer le travail juste à la distance nécessaire de l'obstacle, mais pas plus. Expliquons-en les raisons.

Nous voulons effectuer un certain saut de travail dans le dessein d'*apprendre* quelque chose à notre cheval.

Cette leçon porte uniquement sur la zone de l'abord (les 15 à 17 mètres précédant l'obstacle) et sur le style durant le saut.

Plus le cheval réfléchira à ce qu'il fait, plus la leçon sera profitable et les progrès rapides. Toute leçon est d'autant plus compréhensible qu'elle est claire.

Mais le cheval, ne l'oublions pas, est un animal. Il n'a jamais lu les règlements de la FEI concernant les conditions des épreuves de saut d'obstacles. En sortant de son box, il ne se dit pas : « C'est merveilleux, aujourd'hui je vais parfaire mon éducation et mon entraînement pour devenir un grand champion acclamé par des foules admiratives ! » Non ! il se contente de faire ce que son cavalier lui demande, et il enregistre *tout* ce qu'on lui fait faire.

Prenons alors le cas d'un cavalier ayant décidé de sauter un obstacle de telle manière. Il part au galop, effectue une volte, va jusqu'au bout du terrain, revient sur l'obstacle, saute, après le saut continue au galop, tourne... et finalement s'arrête bien après.

Le cheval a *tout* enregistré. Aussi la leçon effective qui portait sur la zone de l'abord et le geste sur la barre se dilue dans tout cet ensemble de mouvements.

En revanche, si le cavalier sait qu'il a besoin, par exemple, de quatre ou cinq foulées de galop, pour mettre son cheval dans l'allure et l'équilibrage avec lesquels il souhaite rentrer dans la zone d'abord, si ce cavalier met son cheval aux ordres (donc attentif) à la distance requise, soit une quarantaine de mètres de l'obstacle – de là part au galop, il a juste les quatre ou cinq foulées nécessaires pour mettre son cheval dans les conditions souhaitées ; il se trouve alors à la rentrée de la zone d'abord durant laquelle il va effectuer le travail décidé ; dès la réception du saut, il arrête immédiatement, droit, marque l'immobilité et met le cheval en récréation. La leçon sera beaucoup plus profitable car beaucoup plus claire.

En dépouillant ce temps de travail de tout l'inutile. En le limitant à l'essentiel, c'est-à-dire l'abord et le saut, le leçon se grave bien plus nettement, plus profondément dans la mémoire du cheval. Mieux ! Il comprend que son cavalier veut lui apprendre quelque chose ayant trait uniquement à la façon d'arriver sur un obstacle et de le franchir. Cela d'autant plus qu'il y a arrêt et mise en récréation immédiatement après le saut.

C'est par cet ensemble de discipline que l'on rend un cheval calme, confiant et attentif sur l'obstacle.

Avant de voir la nouvelle progression que nous conseillons aujourd'hui dans le cadre de la formation d'un cheval d'obstacles travaillant sous contrôle, il nous faut rappeler quel est le problème de la haute équitation d'obstacles. Car il n'y en a en réalité qu'un seul !

Oh ! bien sûr, la qualité du saut dépend de la conjugaison d'un certain nombre d'éléments et donc de problèmes particuliers, mais ils ne sont qu'annexes. Aucun d'entre eux ne peut être négligé, bien entendu, mais leur utilité est essentiellement de concourir à résoudre le véritable grand problème, celui qui établit la hiérarchie des cavaliers de haute compétition. Nous en avions déjà parlé mais sans insister suffisamment.

Qu'est-ce qu'un saut ?

C'est la projection d'une masse de 650 à 750 kilos (poids du cheval et du cavalier) sur une trajectoire parabolique passant au-dessus d'un obstacle. Cette projection est réalisée par les forces musculaires du cheval.

Mais la puissance d'un muscle, quelle qu'elle soit, ne s'exprime pas de la même manière, n'a pas le même effet selon le sens vers lequel il travaille.

Autrement dit, la puissance *développée* est variable pour un même muscle selon l'angle sous lequel il travaille.

Prenons l'exemple des haltérophiles. Leurs mouvements, leurs attitudes, le placement de la barre des haltères doivent être d'une précision extrême. Au moindre écart angulaire du sens de leur traction et de leur poussée, ils ne pourraient soulever le même poids avec pourtant la même puissance musculaire intrinsèque.

Or voyons un saut. Imaginons une barre d'1,50 mètre. Un cheval peut franchir cette barre en prenant sa battue à, par exemple, 1,50 mètre de distance, mais il peut aussi la passer en ayant pris son appel à 3 mètres de l'obstacle, et même plus.

Traçons maintenant une ligne imaginaire entre le point où la battue a été prise et le sommet de l'obstacle, l'angle par rapport au sol de cette ligne sera très différent selon que le cheval prend son appel près ou loin de l'obstacle.

Nous constatons que, d'une façon générale, ces angles varient selon chaque saut entre 30 et 60°. Il y a même de temps en temps des trajectoires aux angles plus marqués, au-dessous de 30° et au-dessus de 60°, mais ce sont des cas assez rares. La plupart du temps, si un cheval saute quinze obstacles, les angles ascendants de ces quinze trajectoires varieront donc entre ces 30 et 60°. Celui du premier saut sera, par exemple, de 43°, celui du deuxième de 54, du troisième de 36, etc.

Il est donc bien évident que les moyens de propulsion de la masse sur ces trajectoires ne doivent pas être réglés de la même manière pour chaque saut, mais de façon variable en fonction de l'angle vers lequel doit s'effectuer la poussée.

Prenons une comparaison susceptible de mieux nous faire comprendre la chose. Imaginez que vous avez dans la main un poids de 3 kilos, et que vous souhaitez projeter ce poids le plus loin possible. Vous allez pour cela chercher à envoyer ce poids sur une trajectoire d'environ 40°, et dans ce dessein vous mettre dans une certaine attitude. Instinctivement, vous allez placer vos pieds, votre corps de manière à avoir la disponibilité de toute votre puissance musculaire pour la projection envisagée.

Maintenant autre objectif. Au lieu de chercher à envoyer ce poids le plus loin possible, vous devez essayer de le projeter au-dessus d'un fil se trouvant un peu devant vous mais à 3 mètres de hauteur. Autrement dit, vous allez devoir projeter le poids sous un angle de 60 à 70°.

Faites-le... Vous verrez !

Vous verrez qu'instinctivement, naturellement, vous allez prendre une attitude tout à fait différente. L'emplacement de vos pieds, votre propre équilibre vont changer afin d'avoir pour cet effort différent la plénitude de votre force musculaire.

Il en est exactement de même pour le cheval.

Les degrés d'abaissement des hanches, d'engagement, de relèvement de son encolure, autrement dit, de toute son attitude générale doivent être différents selon l'angle sous lequel ses forces musculaires doivent projeter sa masse, du moins pour qu'il ait à sa disposition l'intégralité de sa puissance musculaire.

Nous retrouvons pour l'obstacle le principe posé par Baucher : *faire prendre au cheval une position telle que le mouvement en soit une conséquence naturelle.*

Et cela se résume en un mot : l'équilibrage. Les rapports de poids entre l'avant-main et l'arrière-main ; la répartition de la masse sur le polygone de sustentation.

Oh ! bien sûr, un cheval peut franchir un obstacle sans le renverser même s'il a pris sa battue avec un équilibrage défectueux. Cela pour la bonne raison que nous leur demandons, sauf cas exceptionnel, des sauts très inférieurs à la totalité de leur possibilité physique. Si un haltérophile doit seulement soulever 110 kilos au lieu de 150, il y parviendra même si son style laisse beaucoup à désirer.

Or presque tous les chevaux, nous parlons de ceux participant à des compétitions, même moyennes, ont « 2 mètres dans les pattes ».

Précisons ce que nous voulons dire. Nous ne prétendons pas qu'ils peuvent tous régulièrement sauter 2 mètres, mais qu'ils en ont les moyens physiques.

Imaginons un cheval à l'état sauvage poursuivi par une bande de loups. Il est terrorisé ; sa vie est en jeu. Il arrive devant une clôture de 2 mètres de haut, bien appelée, et arrivant en plein galop sa foulée se présente à un emplacement idéal : il passera !

Donc il a les moyens musculaires suffisants.

Dans les compétitions de saut d'obstacles, plus ou moins selon leur niveau, mais toujours en dehors des puissances, les efforts physiques demandés aux chevaux sont fort au-dessous de l'intégralité de leurs moyens.

C'est la raison pour laquelle la discipline a progressé lentement. La très grande majorité des cavaliers, n'ayant pas une nécessité absolue à mettre le cheval dans les conditions optimales de saut, compte sur lui pour « faire l'effort nécessaire », « se tirer d'affaire » afin de ne pas renverser l'obstacle. Preuve en est de la diversité et de l'importance donnée à toutes les époques aux moyens de barrage. On se soucie peu, médiocrement ou même pas du tout des conditions techniques dans lesquelles le cheval se trouve au moment de sa battue, mais on cherche surtout à lui faire entrer dans l'esprit par des moyens de coercition qu'il doit « lever les pattes ».

Pourtant, lorsque les chevaux attaquent un obstacle dans de parfaites conditions mécaniques, rares sont ceux qui commettent une faute par négligence ou paresse. Ces grands procédés que sont les guêtres à clous, l'essence de térébenthine, les coups de barre, etc., sont inutiles si le cheval saute techniquement bien. C'est donc cette technique qu'il nous faut analyser et comprendre.

D'autant plus que les efforts excédentaires demandés aux chevaux pour se tirer d'affaire sur des sauts techniquement défectueux sont de plus en plus importants au fur et à mesure que les obstacles sont plus gros.

De même, la question du réglage de la battue est relativement un faux problème. Bien entendu, la visualisation des foulées et le réglage de celles-ci pour amener le cheval à un bon emplacement de battue posent des problèmes aux débutants, et il leur faut les résoudre. Mais à partir d'un certain stade, la question ne se pose plus. D'autant qu'il est parfaitement possible de franchir un obstacle en prenant sa battue à des distances différentes – du moins dans une certaine mesure – *à condition* que l'équilibrage du cheval corresponde, lui, avec l'emplacement choisi, c'est-à-dire avec l'angle de la trajectoire.

Si nous comprenons que le problème clé de la haute compétition d'obstacles réside dans le réglage de l'équilibrage du cheval en fonction de l'angle de la trajectoire, tout notre dressage, donc notre plan de travail, notre progression doivent tendre à la possibilité du contrôle et du réglage de cet équilibrage à l'abord de l'obstacle.

Alors notre travail répond à une logique.

Dans bien des domaines, nombre d'individus négligent ou comprennent mal la nécessité d'une logique dans toute progression. Ils font une chose, puis une autre, qui peuvent avoir séparément une valeur, mais qui ne s'inscrivent pas dans un tout cohérent.

Prenons pour rester dans le domaine du cheval un cas typique actuel : les barres de réglage devant l'obstacle.

C'est une mode ! Elle vivra et passera comme tant d'autres. Mais elle ne résiste à aucune analyse logique.

Si on la considère comme simple exercice de gymnastique, oui, à la rigueur. Cela ne peut pas faire de mal, et le cheval prenant sa battue à un endroit imposé par les barres placées par terre effectue un travail de gymnastique sur l'obstacle.

Nous ne nous en sommes jamais servis, estimant que le problème de l'abord étant capital, il était préférable de le travailler simultanément tout en faisant effectuer la nécessaire gymnastique durant la trajectoire elle-même. Mais enfin, on peut se servir à ce stade de barres de réglage. *A ce stade,* donc tout au début de la progression du cheval. Mais par la suite ce travail ne correspond plus à rien.

« C'est pour rendre le cheval attentif », nous dit-on.

Soyons sérieux ! Nous admettons volontiers qu'en arrivant sur un obstacle devant lequel sont disposées des barres par terre, le cheval regarde où il « met ses pieds », mais quel rapport y a-t-il lorsque ensuite le cheval abordera en parcours des obstacles devant lesquels il n'y a plus rien ?

Un cheval n'est pas idiot ! S'il fait, en effet, attention lorsqu'il vient à l'entraînement sur l'obstacle en se disant dans le langage chevalin : « ... Faisons gaffe ! Ils ont mis leurs pièges à... », il n'a aucune raison d'être spécialement attentif quand il n'y a plus ledit piège et qu'il s'en rend compte de loin.

« C'est pour apprendre au cheval à être réactif et à se débrouiller. »

Descartes, tu es bien mort ! Cela ne répond à aucune raison.

Quelle est la finalité cherchée ? Le saut en non-intervention ? Alors, en effet, il est logique de vouloir apprendre au cheval à prendre l'initiative de régler son abord. Mais quel est le rapport pour lui entre le fait de s'équilibrer et de placer sa battue de lui-même en arrivant sur un obstacle normal et le petit gymkhana consistant à enjamber des barres et à n'avoir aucun problème de battue puisque justement celle-ci est réglée par lesdites barres.

Et si la finalité n'est pas le saut en non-intervention mais, et c'est tout de même indiscutablement une nécessité de toute haute équitation, le saut commandé, dirigé, contrôlé par le cavalier ? Dans ce cas, l'objectif, le seul, le capital, l'impératif, c'est la soumission attentive et totale du cheval. Qu'il soit coopératif, c'est-à-dire généreux dans l'obéissance aux ordres reçus, oui certainement, cela s'appelle d'ailleurs l'impulsion. Mais surtout qu'il n'ait pas la velléité de prendre, lui, des décisions. L'unité de commandement au moment de l'abord est bien évidemment un impératif équestre absolu.

« C'est pour apprendre au cheval à monter ses épaules. »

L'élévation des épaules n'est qu'une partie du geste sur l'obstacle. Puisque dans la haute équitation il faut pouvoir à l'abord varier l'équilibrage, il est donc nécessaire que le cheval y soit habitué, qu'il sache qu'au cours des dernières foulées son cavalier va éventuellement lui faire changer son équilibrage. Par la répétition d'exercices *logiques* ayant trait à ces variations, il prendra l'habitude d'être attentif aux ordres. En lui faisant reculer son centre de gravité sur des départs de près, le cheval, mécaniquement parlant, sera obligé d'abord de monter ses épaules et ensuite de basculer au sommet de sa trajectoire.

Alors qu'avec des barres de réglage le cheval ne peut bien évidemment pas reculer son équilibrage et s'habitue à sauter avec trop de poids sur l'avant-main.

Il est obligé de monter les épaules ? Bien sûr, comme tous les chevaux prenant un obstacle près avec trop de poids sur l'avant-main. Ils sont obligés en effet à cette montée rapide des épaules pour éviter de cogner l'obstacle, cet obstacle sur lequel ils sont projetés de par cet équilibrage défectueux. C'est un geste pour « se tirer d'affaire ».

Mais l'objectif n'est justement pas que le cheval compense un équilibrage trop avancé par un plus grand effort et une acrobatie, mais bien qu'il saute dans l'équilibre lui demandant le minimum d'efforts. Dans cet objectif, le travail sur les barres de réglage n'offre aucun avantage et est même plutôt nocif.

Pour travailler avec logique, il est nécessaire de bien définir d'abord les objectifs à atteindre et, en fonction de ceux-ci, d'effectuer des exercices progressifs correspondant au but à atteindre.

Nos objectifs pour le saut contrôlé sont :

– un cheval calme, confiant, soumis, attentif aux ordres et prêt à y répondre généreusement ;

– la possibilité de varier son équilibrage durant toute la zone d'abord ;

– un ensemble de gestes durant le saut qui sont : la montée des épaules, le coup de rein au sommet de la trajectoire qui fait basculer le cheval par report de poids sur l'avant-main, provoquant ainsi une considérable élévation des postérieurs.

A ce sujet, nous avons entendu à plusieurs reprises à la télévision des commentateurs au moment de la suprématie de Paul Shockemohle dire : « Ses sauts sont décomposés. »

Mais les explications s'arrêtaient là ; ils constataient seulement une évidence visuelle.

C'est tout simplement un saut extrêmement basculé ! Une avant-main dégagée par un report de poids sur les hanches correspondant avec l'angle de la trajectoire, donc s'élevant naturellement ; un basculement au-dessus de l'obstacle provoquant la montée des postérieurs.

C'est le saut mécaniquement idéal et demandant le minimum d'efforts musculaires.

Alors quelle progression allons-nous suivre pour atteindre nos objectifs ?

Nous avons déjà réalisé le travail préparatoire : saut rênes flottantes, de pied ferme, en huit de chiffre, encolure relevée et gymnastique sur de petites combinaisons.

Maintenant, nous abordons ce que l'on peut appeler l'école secondaire de saut. Le premier travail sera celui dit en « équilibrage constant ».

Le geste naturel, instinctif d'un cheval, regardons-les en liberté, est en arrivant sur l'obstacle de reporter du poids sur ses épaules et de projeter son avant-main par une forte poussée de ses antérieurs. Or nous voulons, bien au contraire, lui apprendre à ne pas avancer son centre de gravité, mais bien à l'inverse, dans de nombreux cas à le reculer. Ce n'est donc pas évident pour le cheval puisque antinaturel.

On peut d'ailleurs faire une comparaison avec les êtres humains. Demandons à un jeune garçon de sauter un fil tendu. Comment s'y prend-il ? Il vient en courant droit sur l'obstacle et le franchit en repliant ses jambes sous lui.

Jamais on n'a vu un petit homme sauter de lui-même instinctivement en rouleau ventral, ciseaux californiens et encore moins en *fosbury-flop*.

Pour devenir un athlète de saut en hauteur, il apprendra ces méthodes ; ensuite elles lui deviendront naturelles car il aura compris combien le saut est ainsi plus facile. Ce sera donc une technique acquise.

Il en est de même du cheval. Nous devons lui « apprendre » à sauter car, par instinct, il ne fait que franchir l'obstacle en utilisant une technique défectueuse.

Donc, premier objectif logique, lui apprendre à ne pas reporter de poids sur ses épaules avant le saut, et lui faire sentir la bonne décomposition de celui-ci. Pour ce dernier point, il est donc nécessaire qu'il *prenne sa battue dans un équilibrage correspondant avec l'angle de trajectoire.*

Mais, à ce stade, il n'est pas encore possible de lui faire varier son équilibrage en conséquence. Nous ne pouvons que le mettre dans un certain équilibre et veiller à ce qu'il y reste jusqu'au moment de la battue. Nous ne pouvons pas non plus régler cette dernière puisqu'une variation d'amplitude de foulées exigerait une variation correspondante d'équilibrage.

Alors, très logiquement, il ne nous reste qu'une possibilité : ne sauter que lorsque la battue se présente d'elle-même à l'emplacement correspondant avec l'équilibrage du cheval.

C'est le stade où il est nécessaire de s'arrêter très souvent devant l'obstacle sans le sauter. Nous abordons au petit galop, cadence constante, dans un placer relevé, la nuque étant le point le plus haut, sur des rênes fluides, c'est-à-dire avec un cheval en totale légèreté. Notre équilibrage est assez reculé, et nos foulées sont alors d'environ 2,50 mètres.

La zone de battue correspondant à notre équilibrage se situe à une distance moyenne de l'obstacle, plutôt un peu près. Cette bonne zone dans laquelle l'angle de trajectoire correspondra en gros avec l'équilibrage du cheval fait environ 50 centimètres. Nos foulées ayant 2,50 mètres, en vertu de la loi des probabilités, c'est seulement une fois sur cinq que nous arriverons comme nous le souhaitons. Les quatre autres fois, la battue se présentera trop près ou trop loin, c'est-à-dire ne correspondra pas avec l'équilibrage du cheval. En partant trop près nous le mettrions en difficulté, ce qu'il faut absolument éviter si l'on ne veut pas qu'il perde confiance.

En partant de trop loin, il serait obligé de reporter du poids sur ses épaules, alors que le but de l'exercice est, au contraire, de lui apprendre à sauter sans effectuer ce report. Donc, impérativement, il faut que le cavalier voyant que la battue ne se présente pas comme il le souhaite arrête calmement son cheval.

Il arrive parfois de venir ainsi dix, douze fois de suite sans pouvoir sauter. C'est normal, et il faut être patient. Mais en agissant avec cette prudence et cette rigueur, chaque saut effectivement réalisé correspondra exactement avec ce que nous voulons apprendre au cheval.

Bien entendu, nous l'avons déjà souvent dit, mais rappelons-le : les arrêts doivent absolument s'ordonner par la voix. C'est la seule manière d'obtenir des arrêts immédiats, calmes et tranquilles.

En sautant ainsi cinq ou six obstacles par jour – verticaux de 1 mètre à 1,20 mètre et petits oxers pas très larges – durant une dizaine de jours, le cheval acquiert beaucoup de calme, de tranquillité, et il commence à gymnastiquer son saut.

Maintenant, nous allons passer à d'autres stades :

– le travail en action décroissante ;

– la décomposition de l'ensemble du saut.

Voyons le premier. Après avoir enseigné au cheval qu'il peut prendre sa battue sans avoir au préalable reporté de poids sur ses épaules, il nous faut lui apprendre qu'il peut reporter, au contraire, du poids sur ses hanches au cours des dernières foulées.

Répondant à cet objectif, nous avions conseillé les exercices en foulée décroissante, c'est-à-dire : arriver avec un certain train et au cours des derniers 20 mètres ralentir en faisant reculer le centre de gravité du cheval.

Cet exercice, nous l'avions personnellement beaucoup pratiqué, et il nous apparaissait relativement simple.

L'expérience pédagogique nous a démontré qu'en réalité il posait de gros problèmes à une majorité de cavaliers. En effet, cet exercice n'a sa valeur que si :

- le report de poids sur les hanches est *parfaitement* progressif à chaque foulée, sans aucun à-coup ;
- s'il s'effectue avec « deux doigts », c'est-à-dire sur un cheval léger, obéissant de lui-même à l'indication de la main sans se contracter le moins du monde.

Alors le cheval apprend à reporter régulièrement et progressivement son poids sur les hanches, et vient sauter en fin de mouvement presque de pied ferme avec un équilibrage extrêmement reculé, ce qui l'oblige à décomposer son saut en basculant très fort.

C'est donc, nous le pensons toujours d'ailleurs, un exercice remarquable ; à condition toutefois qu'il soit bien réalisé. Mais nous avons constaté qu'il exige de la part du cavalier plus d'expérience et de tact que nous le pensions.

Sur une arrivée rapide engendrant une certaine excitation chez le cheval, beaucoup de cavaliers reprennent par des actions trop fortes provoquant des résistances. D'où contractions, à-coups et énervement du cheval... Mauvais travail.

Alors il nous est apparu possible de parvenir au même objectif, mais de façon bien plus facile.

Il s'agit toujours, bien sûr, d'enseigner une action décroissante avec report de poids sur les hanches, mais en se contentant d'un mouvement beaucoup plus faible. L'essentiel est d'apprendre au cheval qu'il *peut* reporter du poids sur l'arrière-main avant la battue. Commençons, alors, par lui demander un faible report pour qu'il comprenne le principe ; ensuite, il sera possible à un autre stade de pousser le mouvement plus loin.

Venons donc sur l'obstacle au petit galop. Un galop un peu plus allongé que pour les sauts en équilibrage constant ; comme il va nous falloir reculer le centre de gravité, il nous faudra par la force des choses légèrement ralentir. De là, la nécessité de venir sur un galop préalable plus allongé, mais faiblement.

En arrivant, durant les deux ou trois dernières foulées, diminuer celles-ci en effectuant un report de poids sur les hanches. Ne sauter que si ce report s'est réellement effectué, même de façon seulement légère, et si le cavalier a pu en le faisant régler sa battue relativement près de l'obstacle. Nous n'aimons pas les mots flous. Nous employons celui de « relativement » qui pourrait le paraître, c'est toujours parce que l'emplacement de battue doit correspondre à l'équilibrage, et *vice versa*.

Puisqu'il y a recul du centre de gravité, le cheval se trouve forcément dans un équilibrage correspondant avec un départ de près, mais plus ou moins selon justement cet équilibrage.

> ***Si votre cheval s'énerve, ne vous fâchez pas, caressez-le de la voix.***
>
> ***N. Oliveira***

Bien entendu, il ne peut pas être question de travailler cet exercice tant que le cheval n'a pas été mécanisé à effectuer sur le plat des variations d'équilibrage au galop. C'est-à-dire partant d'un petit galop : avancer la barrière des mains pour laisser le cheval reporter du poids sur ses épaules, et donc allonger ses foulées, puis reculer la barrière pour que le cheval reporte du poids sur ses hanches, en diminuant l'amplitude de ses foulées, et donc ralentisse. La répétition de ces mouvements habitue le cheval à déplacer sa masse longitudinalement sur son polygone de sustentation.

C'est le mouvement que nous allons lui demander devant l'obstacle, donc il faut auparavant en être parfaitement maître sur le plat.

Un cheval donnant très bien des variations d'équilibrage sur le plat ne les donnera pourtant pas forcément lors des premières demandes face à l'obstacle. Il faut bien avoir en tête pour comprendre sa réaction qu'il s'agit là d'un geste absolument antinaturel.

Souvent, dès le recul de la barrière et malgré l'action des jambes, le cheval retombe au trot. *Il ne faut pas se fâcher !*

Il ne s'agit pas de sa part d'une désobéissance, mais d'une simple incompréhension. Pour lui, du moment que son cavalier le reprend, c'est qu'il ne veut pas sauter puisque dans sa tête de cheval ce mouvement est anormal.

Manifester par de petits éclats de voix son mécontentement, arrêter, reculer pour bien renvoyer sur les hanches et recommencer...

Ces « gronderies » de la part du cavalier font comprendre au cheval qu'on veut lui faire faire quelque chose qu'il ne connaît pas, mais quoi ?

En revenant vers l'obstacle toujours calmement autant de fois que nécessaire, il est un moment où le cheval sous l'action conjuguée des jambes et du recul de la barrière reporte effectivement du poids sur les hanches. Si cette fois-là la battue se présente bien, assez près, alors le cavalier sollicite fortement dans ses jambes et son assiette pour donner l'ordre de saut, mais en opposant toujours une barrière à tout report de poids sur l'avant-main.

Et le cheval saute...

Très étonné ! Et son étonnement est double. En premier, de découvrir qu'il est possible de sauter en dépit d'un report de poids sur les hanches au cours des deux dernières foulées, et, en deuxième, de découvrir qu'il saute ainsi *beau-*

coup plus facilement avec un parfait contrôle de sa masse.

En général, dès que le cheval a fait un saut à l'issue d'un recul de son centre de gravité, le reste vient tout seul. Il a compris et admis le principe.

Il ne reste plus durant une dizaine de jours qu'à lui faire passer quotidiennement six ou sept obstacles dans ce style.

A partir de ce moment, nous aurons un cheval qui admet de changer son équilibrage à l'abord en fonction des ordres de son cavalier. Nous avons donc une double possibilité : régler la battue ; puisqu'en reculant l'équilibrage nous diminuons par corrélation l'amplitude des foulées. Régler cet équilibrage pour qu'il corresponde à l'instant de la battue avec l'angle de la trajectoire.

Nous avons la base essentielle, le reste n'est plus qu'un travail répétitif pour transformer notre cheval en ce que nous appelions autrefois : une machine à sauter.

Voici où intervient notre deuxième évolution, celle ayant trait à la décomposition de phases du saut.

Nous avions défini trois phases : le préabord, l'abord, la trajectoire.

- *Préabord :* phase se situant pour un saut classique entre 25 et 17 mètres avant l'obstacle, et au cours de laquelle le cavalier doit rééquilibrer son cheval. Reporter suffisamment de poids sur les hanches pour avoir le total contrôle de la masse.

- *Abord :* les trois ou quatre dernières foulées au cours desquelles le cavalier maître de la masse règle la battue et l'équilibrage en actions ou croissantes, ou constantes, ou décroissantes selon les cas.

- *Trajectoire :* le saut en lui-même avec une prise de battue dans l'équilibre correspondant avec l'angle de la trajectoire.

Ces phases sont toujours exactes, et il faudra pouvoir les réaliser *le jour* où il sera nécessaire de tenir compte en parcours du facteur chronomètre. Car c'est de cela qu'il s'agit. La phase de rééquilibrage dans la zone du préabord est nécessaire avec un cheval auquel il a été demandé un allongement, et se trouvant donc dans un équilibrage ne donnant pas au cavalier le total contrôle de la masse.

Pouvoir sauter avec précision mais vite est un impératif de la compétition et la marque de la vraie grande équitation, aussi nous indiquions et préconisions les phases que la chose implique.

Mais il nous est apparu peu à peu qu'il est plus facile, plus simple et au bout du compte plus logique de décomposer la progression.

D'abord, mettre en place les phases de l'abord et de la trajectoire. C'est-à-dire arriver vers l'obstacle dans un galop et un équilibrage donnant déjà le contrôle complet de la masse. Nous supprimons ainsi la phase de préabord devenue inutile.

Par la suite seulement, nous travaillerons des arrivées dans un train rapide qui alors nécessiteront cette phase de rééquilibrage préalable dans la zone de pré-abord. D'autant que s'il est nécessaire de pouvoir sauter avec du train, il est bien des parcours en compétition durant lesquels le chronomètre n'intervient pas, et pour l'accomplissement desquels le cavalier a le seul souci de la précision.

Donc, dans un premier temps, cherchons à transformer notre cheval en machine à sauter en n'utilisant que le plus faiblement possible le facteur élan.

Cet objectif, nous allons pouvoir y parvenir relativement facilement en pratiquant ce que nous avons appelé la « mécanisation » et l'« automatisation ».

LA MÉCANISATION

Voyons d'abord le mouvement. Nous expliquerons ensuite l'intérêt et les objectifs de ce travail.

Mettre le cheval dans un tout petit galop et dans l'équilibrage le plus reculé possible. Le cheval est rassemblé, l'encolure est relevée, nuque en point le plus haut ; sur les demandes impulsives, les hanches s'abaissent, les postérieurs s'engagent.

Dans ce petit galop rassemblé, nous allons sauter des obstacles en plaçant la battue les premiers temps *extrêmement* près. *Jamais* d'action croissante, nous sautons soit en action constante si la battue-près se présente d'elle-même, soit en comprimant encore les foulées pour placer cette battue.

Pour illustrer ce saut racontons une anecdote : je me trouvais un matin, il y a bien longtemps... au bar du CSIO de Genève avec mon ami Paco Goyoaga. Et, bien sûr, nous parlions technique. Je lui expliquais que je travaillais souvent sur des variations de foulées dans une combinaison. La chose était d'autant plus nécessaire à cette époque que les distances séparant les obstacles dans les combinaisons étaient extrêmement variables et variées. J'expliquais à Paco que, par exemple, je mettais un double formé par deux verticaux de 1,20 mètre à 9,75 mètres de distance. Et qu'en rentrant de la *même manière* sur le premier, sinon le travail est seulement facilité et n'a plus la même valeur de dressage, qu'en sautant donc le premier obstacle, toujours dans le même train et sur une même trajectoire, je faisais ensuite alternativement 1,2 ou 3 foulées.

Paco écoutait attentivement puis il me dit :

« C'est drôle, moi aussi je fais le même exercice. Mais à quelle distance tu mets ton double ?

– 9,75 mètres.

– Et tu fais entre une et trois foulées ?

– Oui.

– Ah ! moi je fais entre une et sept foulées... »

Un crochet au menton ne m'aurait pas laissé plus groggy.

Je lui ai demandé de me montrer ce travail. Non pas que je mettais en doute ses dires, mais par intérêt technique.

A l'issue de la première trajectoire, il pouvait bien entendu demander le départ à une foulée

de très loin. Pour en faire deux ou trois, il reprenait dès la réception plus ou moins fort en fonction de son choix. Mais pour un plus grand nombre de foulées dès la réception du premier obstacle, il renvoyait complètement son cheval sur les hanches et continuait dans un galop très engagé presque sur place, effectuant des foulées d'environ 50 centimètres.

Continuant ainsi, il pouvait demander le départ quand il voulait. Toutefois après la septième foulée... il n'avait vraiment plus de place !

Paco a été le premier champion

du monde. Non parce qu'il avait un cheval exceptionnel acheté à un prix délirant (c'est nécessaire, paraît-il, pour gagner ! Il est surtout nécessaire de le faire croire pour ceux qui « aident » aux transactions) mais simplement, tout bêtement même, dirons-nous, parce que M. Goyoaga était un très grand cavalier pratiquant une très haute équitation.

Cette histoire illustre ce que nous voulons expliquer en parlant du saut en mécanisation. Aborder dans un galop totalement comprimé et sur une battue prise dans cet équilibrage totalement sur les hanches et très près de l'obstacle.

Objectifs et avantages :

- Calme, tranquillité et attention du cheval. Ces sauts presque de pied ferme n'engendrent fatalement aucun énervement, aucune excitation ni aucune inquiétude.

- Habituer le cheval à sauter avec un équilibrage extrêmement reculé et se reculant même encore souvent à l'abord immédiat quand le cavalier a besoin d'augmenter la compression des foulées pour placer sa battue.

- Soumission du cheval, qui attend l'ordre de saut bien qu'étant à une et même deux foulées avant la prise de battue à une distance de laquelle il pourrait parfaitement sauter.

- Enfin, remarquable gymnastique concernant la décomposition du saut. Prenant sa battue très près, avec un très grand report de poids sur les hanches, le cheval doit monter très fort ses épaules et basculer complètement au sommet de cette très courte trajectoire. Là, le saut est complètement décomposé, décortiqué même, serions-nous tentés de dire. Le cheval, réellement, apprend par cette décomposition extrême le geste qui doit être le sien durant le saut. Il sera moins décomposé lorsque les trajectoires seront plus longues, plus normales, mais le geste restera le même dans son principe.

Ce travail s'effectue sur de petits verticaux de 1 mètre à 1,10 mètre ainsi que sur de petits oxers pas très larges. Point n'est besoin de sauter de gros obstacles pour faire « donner le dos » comme le pratiquent de nombreux cavaliers.

Le jeu de la ligne dorsale est une question d'emplacement de battue, et surtout d'équilibrage reculé. Elle est obligée de travailler par ces exercices, et l'on évite l'usure des pieds engendrée par de multiples réceptions après de gros sauts.

Ce travail de mécanisation ne s'adresse pas à la compréhension du cheval, en dehors de l'habitude qu'il prend d'être entièrement soumis aux ordres. C'est pour la plus grande part un travail de gymnastique. Il doit donc être répétitif.

Autant quand il s'agit de faire comprendre quelque chose au cheval, le recul du centre de gravité, par exemple, il ne faut pas sauter plus de six ou sept obstacles par jour afin que chaque saut-leçon soit bien enregistré ; autant pour la mécanisation on peut et on doit sau-

CAPITAL

*Le cavalier, en rentrant dans la zone de l'abord, doit être : « A son poste de commande », c'est-à-dire buste redressé (assis ou éventuellement en équilibre **près de sa selle**), les mains au-dessus de la bouche du cheval, sur une longueur de rênes permettant d'avoir les coudes ployés, les mains assez près du corps. Et si le cheval conserve la cadence, l'équilibrage dans lequel il a été mis, le cavalier doit s'imposer une **immobilité totale.** Si le cavalier conserve cette totale immobilité durant deux, trois ou même parfois quatre foulées, quand il visualisera son abord et donnera à son cheval les ordres en conséquence, ils seront perçus et compris (même légers) immédiatement. Au contraire, lorsqu'un cavalier a des aides qui ne sont pas fixes, quand il veut donner un ordre, son action est « noyée » dans l'agitation générale et le cheval ne comprend pas, ou mal, ou trop tard... Voici Étienne Laboute au « poste de commande » pour rentrer dans la zone d'abord.*

ter quotidiennement un plus grand nombre d'obstacles. Pas trop, bien sûr, il ne faut jamais arriver à une fatigue physique portant atteinte au moral du cheval. Mais on peut ainsi sauter quotidiennement une quinzaine d'obstacles.

Durant une première période, douze à quinze jours, les battues demandées seront toujours placées près et souvent même très près de l'obstacle.

Au cours d'un deuxième stade, il faudra alterner les emplacements de battues. Une majorité d'entre elles seront prises toujours de près, mais un certain nombre à des distances de l'obstacle moyennes et même longues.

Pour une battue moyenne en conservant le même équilibrage, pour une battue longue en permettant un léger report de poids sur l'avant-main. Léger ! Au cours de ces sauts, le cheval sautera donc avec un équilibrage légèrement plus reculé que celui correspondant exactement avec l'angle de battue. Il devra donc faire un effort musculaire un peu plus important. Cela ne porte à aucune conséquence puisque les obstacles sont petits.

Objectif : habituer le cheval à prendre sa battue à des emplacements variés *en fonction des ordres de son cavalier.* Autrement dit, bien mécaniser cette compréhension, disons même, cette complicité devant exister entre le cheval et le cavalier, afin que les ordres de celui-ci soient parfaitement clairs et compréhensibles pour celui-là.

Il nous faut préciser comment un « ordre de départ » doit être demandé au cheval.

Celui-ci doit absolument prendre sa battue au moment où son cavalier le lui donne. C'est une nécessité absolue dans les cas de départ de loin. Bien entendu, dans une majorité de cas le choix de la battue de départ est évident, il ne saurait se placer une foulée avant ou une foulée plus tard.

Il n'empêche qu'il doit être « demandé » par le cavalier de manière que le cheval s'habitue non à prendre l'initiative de son départ, mais bien à ne le donner qu'en fonction de l'ordre reçu. La demande systématique répond à une nécessité d'accoutumance.

Mais comment demander un départ ? En « poussant » dans les jambes ? Sûrement pas !

Cette action engendre l'allongement de la foulée ou une précipitation de la cadence, mais ce n'est pas une demande de départ. Dans bien des cas, si le cavalier se contente de « pousser » dans les jambes, il y aura report de poids excessif sur l'avant-train qui *empêchera* le départ de loin. Le cheval mis « dedans » ne pourra s'en tirer que par une petite foulée en catastrophe, ou encore s'arrêtera sentant que son déséquilibre le met en difficulté, sinon même en danger de se faire mal en cognant les barres.

Demander le départ par une action de jambes ? Mais quand ? A l'endroit où l'on veut que le cheval prenne sa battue ? Trop tard, beaucoup trop tard !

Il ne faut jamais surprendre un cheval. Si un cavalier demande un départ de très loin, d'un emplacement où à la rigueur il serait possible de faire encore une foulée, et s'il attend la foulée qu'il considère la dernière pour donner son ordre, il y a de grandes chances que le cheval surpris refuse cette battue longue.

Un ordre de départ doit être un mouvement rythmé sur deux ou trois foulées. Si l'action des jambes, rythmée progressivement de plus en plus fort à chacune des dernières foulées, est nécessaire, elle doit être complétée par l'action de l'assiette et de tout l'équilibre du corps. Ce mouvement du corps épousant le geste du cheval est en effet différent selon les battues.

Sur une battue très près, engendrant une trajectoire courte, le cavalier doit redresser son buste pour laisser les épaules du cheval monter ; ensuite seulement, le cavalier épouse le mouvement de la trajectoire.

Sur une battue longue, le cavalier devra, pour ne pas être surpris par l'accélération due au départ sur une trajectoire allongée, anticiper au cours de la dernière foulée pour se mettre en équilibre sur ses étriers et avancer légèrement son buste.

Ces mouvements ainsi que ceux de l'assiette sont parfaitement perçus par le cheval.

Donc, la demande de départ, que ce soit sur un allongement ou une reprise, doit s'effectuer dès que le cavalier a visualisé ses dernières foulées, et qu'il a situé l'emplacement où il veut que la battue soit prise. Selon les cas, cette visualisation se fera quatre, trois ou au minimum deux foulées avant le saut.

Dès que sa décision est prise, le cavalier doit, d'une façon progressive et rythmée, commencer à agir par toutes ses aides (mains, jambes, assiette) pour indiquer et commander le départ.

Il ne faut pas craindre de marquer nettement cette action au début pour la bonne compréhension du cheval. Alors celui-ci, très vite, dès le début de l'action, comprend après *quelle* foulée son cavalier veut qu'il attaque l'obstacle. Le cheval n'est donc pas surpris. Il a le temps de se préparer moralement à un départ, par exemple, de très loin. Il aura même tendance à suivre plus généreusement, plus volontiers les demandes (reprises ou allongements) de son cavalier dans la mesure où il a déjà compris quand et où il va devoir prendre sa battue.

Après environ trois semaines de ces sauts mécanisés, nous pouvons passer à un nouveau stade : l'automatisation.

L'AUTOMATISATION

Nous appelons ainsi le saut de précision sur des obstacles correspondant aux moyens physiques naturels du cheval. *C'est donc un saut de compétition.*

Mais à un rythme cadencé sans utilisation de variation de train ou de prise d'élan pour le franchissement d'obstacles spécialement gros.

Dans ce petit galop régulier, un galop d'environ 300 m/mn, disons que presque tous les chevaux peuvent parfaitement effectuer des parcours sur 1,20 mètre, 1,30 mètre, et tous ceux ayant une certaine qualité peuvent facilement le faire sur 1,40 mètre ou 1,50 mètre.

Ce travail est, nous allons encore employer ce terme, relativement facile. Il n'exige pas du cavalier des qualités exceptionnelles. Il demande essentiellement de la rigueur, de la méthode, et avec un peu d'entraînement il devient pour le cavalier aussi automatique qu'il doit l'être pour le cheval.

Notre grand objectif est de faire prendre la battue d'appel dans l'équilibrage correspondant à l'angle de trajectoire.

Pour cela, mettons notre cheval au galop, pas très rapide mais suffisant pour que le cavalier puisse éventuellement reprendre sans pour autant ôter tout élan au cheval. Ce même travail pourra d'ailleurs par la suite s'effectuer, et ce sera nécessaire, sur des obstacles plus gros, dans un train de base un peu plus rapide. Mais nous verrons cela plus tard.

Pour l'instant, notre cheval est dans son petit galop et, là est le point capital, dans un équilibrage donnant au cavalier la totale disponibilité de la masse.

La chose est un peu difficile à expliquer par écrit. L'aiguille doit être au centre ! C'est une image, bien entendu, mais imaginons un cadran avec une aiguille se déplaçant de droite à gauche pour indiquer le degré d'équilibrage du cheval. Elle se déplacerait d'un côté pour indiquer un report de poids sur les épaules, et de l'autre lors d'un recul du centre de gravité.

En disant qu'elle est au centre, nous entendons que le cheval doit galoper dans un placer et un équilibrage tels qu'à la moindre demande du cavalier le poids peut se reporter vers les hanches ou vers les épaules.

Il doit galoper ainsi de lui-même.

Le cavalier a fixé ses mains pour marquer la barrière derrière laquelle le cheval reste. Il est donc léger, sur des rênes fluides, la barrière veillant à ce que son équilibrage ne change pas. Et nous allons ainsi vers l'obstacle...

En entrant dans la zone d'abord (derniers 17 mètres environ), les mains (ouvertes pour ne travailler que par des pressions de doigts sur les rênes) sont parfaitement fixes, et les jambes se rapprochent.

Nous disons bien « se rapprochent ». Elles n'agissent pas encore, mais le cheval perçoit parfaitement le rapprochement des aides inférieures, des jambes prêtes à agir.

Et là, le cavalier continue vers l'obstacle *sans rien changer* à la cadence de son galop et à l'équilibrage de son cheval tant qu'il ne voit pas encore comment les foulées se présentent.

Attention à ce point. De nombreux cavaliers, les bons d'ailleurs, ont tendance instinctivement en se rapprochant de l'obstacle à reprendre leur cheval, ceci dans leur légitime souci de ne pas arriver mal. Cette reprise se poursuit jusqu'au moment où ils visualisent leur dernière foulée. Il ne faut pas !

Pourquoi ? Parce que dans ce petit galop, si le cavalier reprend et que, par exemple, ses foulées se présentent mal, qu'il y ait donc nécessité de les comprimer encore, le cheval se retrouvera en perte d'élan. Si, au contraire, le cavalier trouve une battue longue, comme son cheval a reporté du poids sur ses hanches, il faudra vite, vite et brusquement rallonger le galop du cheval. Brutal report de poids sur l'avant-main se traduisant en général par une ouverture du polygone de sustentation, donc diminution de l'engagement. La chose est fréquente. Regardez dans des concours, vous verrez souvent des cavaliers qui, après avoir repris assez fort leur cheval, poussent... poussent brutalement pour reprendre de l'élan et partir de loin.

A-coups, désengagement, saut à plat, souvent faute et, de toute façon, énervement du cheval.

Non ! Il faut continuer à venir sur l'obstacle, le cheval étant dans l'équilibre que nous avons décrit, sans rien changer, et cela jusqu'au moment où le cavalier visualise son abord.

Les premières fois, cette arrivée un peu « dans le brouillard » est désagréable, mais le cavalier sent vite par l'habitude qu'il visualisera toujours suffisamment tôt ses dernières foulées.

Bien entendu, plus tôt cette visualisation s'effectuera, mieux cela vaudra, les mouvements à venir y gagnant en douceur. En principe, avec une certaine expérience, un cavalier visualise trois ou quatre foulées avant l'obstacle. Mais, même s'il ne voit comment sa battue se présente que deux foulées avant le saut, il aura encore le temps de monter en conséquence. Les variations devront seulement alors être plus rapides.

Mais, nous insistons sur ce point car de nombreux cavaliers se font un monde du problème de voir leur foulée, nous leur affirmons que s'ils abordent ainsi, calmement, avec un cheval dans un équilibrage tel que le cavalier a toute la disposition de la masse, très vite par accoutumance, ils « verront » très normalement leurs abords, soit environ à trois foulées. Alors ?

Alors, en vertu de la loi des probabilités sur ces foulées d'environ 3 mètres, le cheval arrivera selon les cas dans des conditions variables. Prenons les deux extrêmes et le point central, donc un éventail des problèmes pouvant se poser.

● Les foulées se présentent *bien*. C'est-à-dire qu'en continuant dans la même cadence, dans le même galop, en conservant sensiblement le même équilibrage, le cheval se trouvera à un bon emplacement moyen de battue. Donc aucun problème. Dès la visualisation, le cavalier n'a qu'à commencer tranquillement à indiquer sa demande de départ par des jambes qui viennent solliciter (et non bousculer) et une barrière des mains contrôlant l'équilibrage.

Cette arrivée se présente dans environ 35 pour 100 des cas.

● Autre possibilité : le cavalier voit qu'il arrive sur une battue longue. Il n'a, dès cet instant, qu'à monter impulsivement, sans brusquerie, souplement, en avançant *légèrement* la barrière des mains. Le cheval accélérera un peu sa cadence et, surtout, reportera légèrement du poids sur son avant-main. C'est-à-dire qu'il sera alors dans un équilibrage correspondant avec un angle de trajectoire faible. C'est évidemment le meilleur des sauts, celui qui demande le minimum d'efforts au cheval. Plus le cavalier visualise ses foulées de loin, plus souvent il peut monter dans cette action légèrement croissante. Il pourra sauter alors ainsi dans environ 40 pour 100 des cas.

● Enfin, autre éventualité : le cavalier voit que la battue va se présenter trop près. Alors, il recule sans à-coups, sans brusquerie, la barrière des mains conjuguée avec une forte action impulsive. Précisons que les jambes doivent agir bien plus énergiquement sur une action décroissante que sur les « constantes » ou « croissantes ».

Attention à ne pas, en reculant les mains, donner un appui, tirer le moins du monde, faute de quoi il s'ensuivrait une contraction au détriment de la souplesse de l'arrière-main. Or c'est dans ce style d'arrivée que les hanches doivent s'abaisser le plus.

Le mouvement doit s'effectuer comme nous l'avons décrit en parlant des variations d'équilibrage au galop, par avancer ou reculer de la barrière.

Il s'agit seulement d'un changement de la position des mains, mais elles doivent demeurer très fixes. Le cheval va se cogner très légèrement à la fin de sa foulée de galop, et donc réagira (ou obéira) en relevant un peu plus son encolure et en reportant du poids sur ses hanches.

Souvent le cavalier agit trop fort par précipitation. Patience ! Il faut attendre que le cheval, répondant au reculer de la barrière, reporte son poids en arrière ; alors le mouvement sera souple, les hanches pourront s'abaisser et projeter la masse sous un angle de trajectoire beaucoup plus grand.

A l'entraînement, d'ailleurs, si le cheval ne réagit pas suffisamment vite, il faut laisser faire. Il sera sanctionné par une faute des antérieurs. Il comprendra alors très bien que son cavalier avait raison, et il sera plus enclin à suivre ses indications.

Lorsque le cheval élève ainsi son encolure en reportant du poids sur ses hanches, que se produit-il ? D'abord, un raccourcissement des foulées, donc la battue se présente mieux. Ensuite, cet équilibrage plus reculé va correspondre avec un angle de trajectoire plus élevé.

Bien entendu, ce report de poids sur les hanches sera plus ou moins important selon les cas. Plus la battue sera prise près, plus il devra être fort.

Cet abord en actions décroissantes se présentera dans 20 à 25 pour 100 des cas.

Le plus important à comprendre et ensuite à sentir, c'est que le réglage d'une battue nécessitant une diminution de l'amplitude des foulées ne se demande pas par une opposition, mais par une variation d'équilibrage. Il ne s'agit pas de retenir le cheval, ce qui, nous l'avons déjà dit pour le travail sur le plat, engendrera des contractions, mais simplement d'élever son encolure (avec beaucoup de jambes) pour changer son équilibrage. Le recul de celui-ci provoque automatiquement la diminution de l'amplitude des foulées.

Nombre de cavaliers auraient grand intérêt à penser à ce réglage, par voie de conséquence. Bien des fautes commises en parcours seraient évitées. En cherchant à agir directement sur l'amplitude des foulées par une action d'opposition vers l'arrière, ils obtiennent au mieux un effectif raccourcissement des foulées, mais sans changement d'équilibrage, et celui-ci ne correspond pas alors avec un départ de près. Difficulté, abaissement de la trajectoire, et donc, parfois, faute des antérieurs, ou des postérieurs, le cheval pouvant peut-être s'arrondir mais pas basculer.

Alors qu'en agissant uniquement par recul de l'équilibrage, les foulées se raccourcissent automatiquement et de plus le cheval se trouve dans l'attitude correspondant au saut à effectuer.

Précisons aussi quand nous parlons de l'avancer ou du reculer de la barrière des mains qu'il s'agit de quelques *centimètres*. C'est un mouvement, nous le savons, allant de la bouche du cheval vers les épaules du cavalier. Sous cet angle, quelques centimètres ont une répercussion sur l'ensemble de l'encolure provoquant d'importants changements d'équilibrage.

Pourquoi avons-nous appelé ce

travail « automatisation » ? Parce que, si le cavalier en prend l'habitude, et que donc ces actions sont précises, le cheval sortant du travail précédent, celui de mécanisation, y répond tout naturellement. Très vite, il s'habitue à ces légères variations d'équilibrage, et il serait facile de sauter mille obstacles de suite de 1,20 mètre à 1,30 mètre sans jamais aucun problème, d'une façon quasi... automatique !

En disant mille obstacles, nous parlons bien sûr, dans l'absolu, comme si le cheval était une mécanique infatigable.

Cette mathématicité provient de la régularité du travail, de la faible amplitude des variations, de l'absence d'à-coups et de la facilité avec laquelle le cheval saute.

Il est dans un petit galop, régulier, toujours le même, léger, c'est-à-dire travaillant en totale liberté musculaire, dans un équilibrage donnant le facile contrôle de sa masse. En arrivant sur les obstacles, selon les cas, il continue dans la même cadence ou accélère légèrement en reportant un peu de poids sur son avant-main (pour partir facilement de plus loin) ou encore diminue un peu ses foulées en reportant du poids sur ses hanches (pour partir de plus près). A chaque saut, il se trouve dans l'équilibrage correspondant sensiblement avec l'angle dans lequel la détente des postérieurs va devoir propulser la masse sur sa trajectoire, donc pour le cheval sentiment de sûreté et de facilité. Il arrive toujours *bien,* c'est-à-dire jamais en réelle difficulté. Les sauts de près exigent de lui un peu plus d'efforts musculaires, mais ils sont « programmés » durant les deux, trois ou quatre dernières foulées, cela n'a rien à voir avec des sauts où le cheval se « débrouille » en faisant une petite foulée en catastrophe pour se tirer d'affaire. Sauts qui engendrent une inquiétude du cheval envers l'obstacle.

Arrivant toujours bien, le cheval acquiert vite une confiance et une tranquillité énormes. Et, dans ces conditions, cette arrivée toujours bien est facile ! Qu'on y réfléchisse ! Le cheval est sur une foulée d'environ 3 mètres – cela peut varier avec le modèle. Sur des foulées de 3 mètres, la zone de battue possible entre des départs loin ou près peut varier de presque 2 mètres. Lorsqu'il est nécessaire de raccourcir des foulées, ce sera donc au maximum d'un peu plus de 1 mètre, sur un ensemble de deux ou trois foulées... Ce n'est vraiment pas un gros problème.

Tout réside dans la précision préalable de l'équilibrage ; équilibrage permettant de reporter facilement, souplement, du poids soit sur les hanches, soit sur l'avant-main.

Quand cette automatisation est bien au point, nous avons transformé notre cheval en « machine à sauter ».

Les premiers temps, il faut le mettre au point sur des obstacles isolés ; ensuite, effectuer des enchaînements, mais attention après chaque saut de bien retrouver le galop et l'équilibrage de base, et ne pas aller avant cela vers un nouvel obstacle. Très vite d'ailleurs, le cheval en prendra l'habitude, et ce retour s'effectuera de plus en plus facilement et rapidement.

Comme nous l'avons déjà dit, ces sauts de travail en mécanisation sont les mêmes que ceux devant être effectués en parcours si le problème chronométrique n'intervient pas.

D'ailleurs si un cavalier sait déjà sauter en incurvation pour dessiner son parcours sur le tracé le plus court possible, il réalise déjà de très bons temps... surtout en intérieur quand la distance entre les obstacles est réduite.

Nous conseillons d'observer à la vidéo les grandes épreuves disputées dans les *indoor*, comme les finales de coupes du monde. Vous constaterez que tous les très grands cavaliers (ne regardez pas les autres !) sautent tous les obstacles de leur parcours exactement selon les principes que nous venons de décrire. Leur train est régulier, en un galop moyen avec juste de souples variations aux abords des obstacles selon que la battue se présente de loin, moyenne ou de près, *mais en s'efforçant à chaque saut de régler l'équilibrage en fonction des angles de trajectoire différents.*

C'est par la précision de ce réglage qu'ils s'assurent quelques centimètres supplémentaires. Tous les dix, vingt obstacles, ce sont ces quelques centimètres qui font éviter une faute, commise par ceux ne se souciant pas ou réalisant mal ce réglage.

Par la suite, il est possible de travailler sur un galop de base plus rapide, à condition d'être toujours en un équilibrage donnant le nécessaire contrôle total de la masse.

Enfin, quand il est nécessaire d'aller très vite entre les obstacles sur un grand terrain, ou encore dans certains cas et avec certains chevaux, lorsqu'il faut aborder des obstacles dans un train nettement plus rapide afin d'augmenter la puissance du cheval par adjonction à sa force musculaire propre du facteur élan (énergie cinétique), alors il faudra travailler comme nous l'avons écrit dans d'autres ouvrages.

C'est-à-dire en effectuant dans une zone dite de préabord, un rééquilibrage, de façon à s'assurer un contrôle suffisant de la masse au cours des deux ou trois dernières foulées. Ainsi, il est possible de galoper très vite entre les obstacles. De plus, si le rééquilibrage engendre fatalement un certain ralentissement, celui-ci doit être limité au maximum afin de conserver beaucoup d'élan jusqu'à la battue.

Quand un cavalier est parvenu à dresser son cheval de façon à pouvoir conserver à l'abord le même contrôle de la masse, la même précision de tout le réglage des foulées et de l'équilibrage, mais dans un « tempo » ultra-rapide, il a transformé sa « machine à sauter » en « machine à gagner ».

LE SAUT EN INCURVATION

Sauter en incurvation, c'est prendre sa battue sur la fin d'une courbe, en conservant jusqu'à cet instant le cheval incurvé. Les avantages sont énormes, et le cavalier qui néglige la mise au point de ce mouvement peut être un grand cavalier, jamais *un très grand.*

Il n'atteint jamais en haute compétition, le stade « machine à gagner ».

Oh ! il « passe » de temps en temps, mais pas avec la régularité, la mathématicité des très grands champions.

Imaginons un grand tennisman négligeant de travailler son smash !

Mais si le saut en incurvation est d'une importance capitale lorsque le facteur chronométrique conditionne le classement d'une compétition, il est aussi très important dans le travail du dressage du cheval.

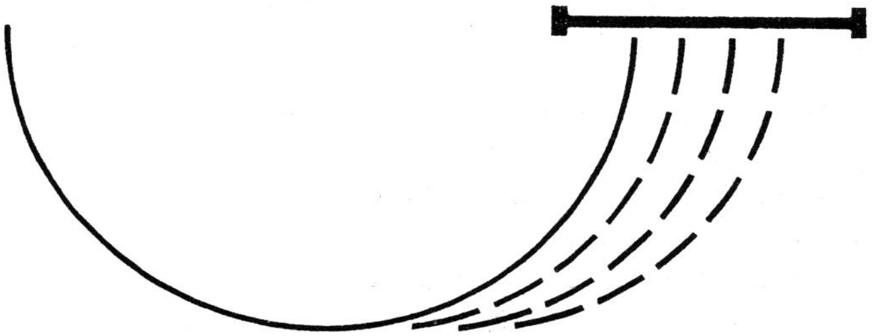

Cela à tel point que, pour nous, lors des sauts en automatisation environ un obstacle sur cinq doit être pris en incurvation. Pourquoi ?

Quand un cheval est incurvé, *automatiquement,* ses postérieurs sont fortement avancés sous la masse. Et plus l'incurvation sera forte, plus l'engagement sera prononcé. Il se trouve donc dans de remarquables conditions mécaniques de saut.

Reste à régler les foulées, la chose étant bien entendu absolument nécessaire sur de gros obstacles.

C'est surtout au sujet de ce réglage que nous reparlons ici des sauts en incurvation, alors que nous l'avons déjà fait antérieurement.

En effet, nous nous sommes très mal expliqué ; *mea culpa !*

Nous avons dit, la chose demeure toujours exacte, qu'en incurvation le réglage ne s'effectue pas en changeant l'amplitude des foulées, mais en variant le diamètre de la courbe. En le diminuant ou l'allongeant de façon que la dernière foulée se termine à un bon emplacement de battue. Et nous avions donné un graphique, le voici :

Le principe est donc de changer le tracé effectué, autrement dit, la distance parcourue entre le début de la courbe et l'obstacle de manière qu'elle corresponde aux foulées qui, elles, ne varient pas.

Le principe est juste, l'explication est mauvaise.

Le bon mouvement est plus simple et plus facile à réaliser.

Il nécessite d'abord sur le plat d'habituer le cheval, au galop incurvé sur une courbe, à reporter son poids sur l'épaule extérieure (comme nous le faisons au pas et au trot).

C'est donc une forme de l'épaule en dedans au galop.

pour que le cheval se remette sur la courbe.

Pour mettre au point le saut en incurvation, nous allons donc commencer par l'exercice suivant : arrivé à 180° de l'obstacle, à une dizaine de mètres latéralement de lui ; mettre le cheval en incurvation sur une courbe de 10 mètres de diamètre qui, si nous la continuions, nous amènerait après une demi-volte juste au centre de l'obstacle.

Après avoir fait 90° sur cette courbe, nous renvoyons le poids complètement sur l'épaule extérieure, et nous continuons en ligne droite.

Voici le dessin du tracé :

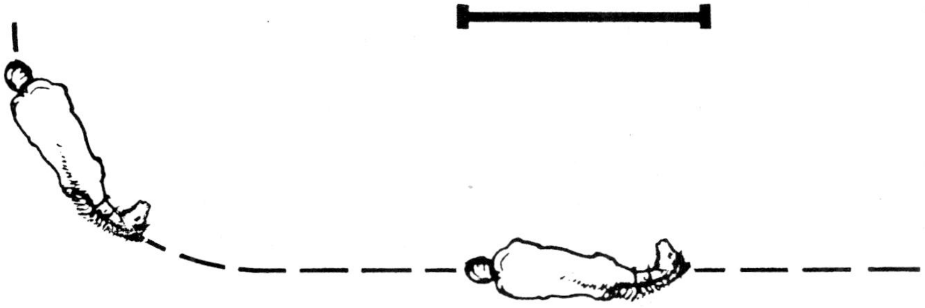

Précisons bien, pour éviter des incompréhensions, que si nous sommes au galop incurvé sur une courbe, en reportant son poids complètement sur l'épaule extérieure le cheval se déplace alors en ligne droite, mais en restant incurvé, encolure ployée à environ 80°. Comme nous l'avons expliqué précédemment dans ce livre, le report de poids sur l'épaule extérieure est demandé par une simple opposition latérale. Il suffit donc au cavalier de cesser cette opposition

Nous allons donc « défiler » parallèlement à l'obstacle.

A partir de cet exercice, nous pouvons placer très facilement, avec un peu d'habitude, bien entendu, notre battue exactement où nous le souhaitons.

Très facilement car avec ce poids sur l'épaule extérieure nous contrôlons parfaitement la masse, sans risque d'être entraîné sur une courbe incontrôlable par une épaule tombant à l'intérieur.

Très facilement car il va s'agir de visualiser uniquement deux foulées puisque nous défilons par rapport à l'obstacle à environ 5 mètres de lui. Une visualisation sur la courbe de deux foulées n'exige pas un « coup d'œil » extraordinaire.

Très facilement car il y aura toujours un moment, un peu plus tôt, un peu plus tard, où nous serons juste au point idéal pour effectuer ces deux foulées, mettant la battue exactement à la distance voulue.

La chose est plus facile encore si notre phase en ligne droite présente un très léger angle avec le parallèle de l'obstacle. Ainsi notre distance par rapport à lui varie très légèrement. Cet écart plus le fait que nous pouvons sauter soit au centre, soit un peu sur la droite ou la gauche de l'obstacle font qu'automatiquement nous allons à un moment donné nous trouver exactement à 2 foulées d'un emplacement de battue parfait.

Le dessin du mouvement est donc le suivant :

Donc, résumons l'ensemble du mouvement en arrivant à 180° du saut à effectuer. Bien entendu, le principe est le même pour des sauts en incurvation effectués après une courbe plus grande ou plus petite.

- Mise en incurvation avec déjà, comme pour toutes les incurvations, un certain report de poids sur l'épaule extérieure.

- Effectuer ainsi environ 80°, pousser complètement le poids sur l'épaule extérieure pour continuer en ligne droite.

- Cette ligne droite, cheval toujours incurvé, va se poursuivre sur 2, 3, 4 ou 5 mètres (pas plus) jusqu'à l'instant où le cavalier voit que, en reprenant le tracé normal de son incurvation, la battue se présente à la bonne place.

- Il n'y a plus qu'à déplacer légèrement le couloir des rênes (faire cesser l'opposition latérale)

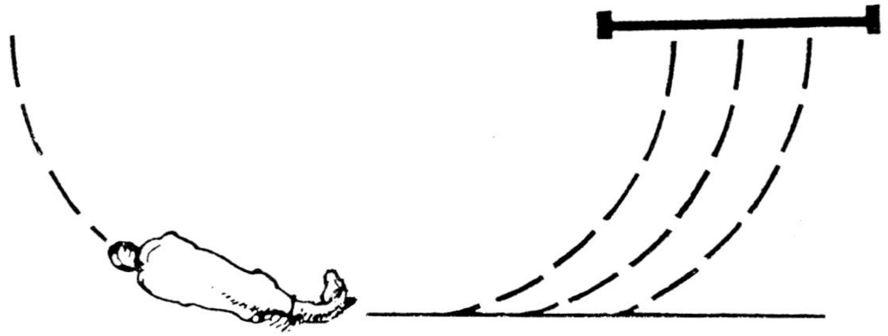

pour que le cheval effectue sur la courbe les deux dernières foulées.

● Espérons que nous avons été assez clairs. Ce mouvement est évidemment long et un peu difficile à expliquer, alors qu'il est enfantin à montrer sur le terrain, et facile à réaliser même par des cavaliers d'obstacles d'un niveau moyen.

Il est donc nécessaire de souvent s'y exercer et y habituer le cheval. Mais, en plus, il est excellent comme travail, et c'est pour cela que nous conseillons d'effectuer à l'entraînement un saut sur cinq ainsi car le cheval saute dans des conditions mécaniques, d'engagement et d'équilibrage remarquables, et effectue des sauts excellents concernant la gymnastique du style sur l'obstacle.

Ainsi, il est bon durant un travail en automatisation sur un enchaînement d'une dizaine d'obstacles d'en sauter deux en incurvation, une fois à droite et une fois à gauche.

Précisons que lorsque ce mouvement est bien mécanisé, il est aussi facile de sauter un large oxer qu'un vertical, et que le saut est plus sûr que si le même obstacle était franchi normalement avec une arrivée en droite ligne.

LES VOIX DU PASSÉ

Pour terminer ce livre, voici quelques « pensées clés » que nous devons avoir toujours présentes à l'esprit.

Il existe deux aspects fondamentaux dans l'art équestre : le mécanique et le psychique.

« Le cheval a la perception comme il a la sensation, la comparaison et le souvenir ; il a donc le jugement et la mémoire ; il a donc l'intelligence. »

François Baucher

Premier point fondamental. *Le cheval n'est pas une machine.* Il faut toujours s'adresser à sa compréhension.

« Dresser, c'est imposer une discipline.
« Dresser, c'est convaincre. »

Général Decarpentry

Deux phrases qui résument et conditionnent tout le dressage d'un cheval.

Tout d'abord la discipline. – Habituer le cheval à être « attentif », donc en grande partie « soumis » à « la loi de l'homme ». – Sans ce préalable, rien de sérieux ne peut être entrepris.

Ensuite l'adhésion du cheval à cette loi ; toute naturelle si le cavalier lui fait comprendre que le manque de soumission se traduira par des recommencements, une plus grande fatigue, d'éventuelles petites punitions ; mais que par contre le respect à « la loi » lui apportera gentillesse, fréquentes récréations, récompenses, caresses, etc.

« Si la cause des raideurs observées n'est pas l'absence de souplesse mais bien l'existence de contractions, le remède n'est pas d'assouplir mais de décontracter. »

Jean Saint-Fort Paillard

Il ne peut y avoir destruction de résistances sans d'abord relaxation psychique.

Sur le plan mécanique :

« Une ligne droite bien précise donne une direction très facile à saisir. Il s'ensuit que dès qu'un écart de cette direction se produit le cavalier s'en aperçoit. Guidé alors pour ainsi dire par son instinct le cavalier fait usage de sa main et de ses jambes pour ramener le cheval dans la direction à suivre et ces rectifications répétées conduisent peu à peu le cavalier à faire un juste emploi de ses aides. »

Général Lhotte

Le premier souci dans le dressage doit être de marcher DROIT, de conserver les épaules devant les hanches, sinon le cheval n'est pas tendu.

« Pour redresser un cheval il faut agir sur l'avant-main et non pas sur les hanches. »

Beudant

Eh oui ! Pour conserver un cheval droit et lui imposer des allures rectilignes, la chose est facile et rapide grâce à la translation de poids d'une épaule à l'autre.

« Le cavalier ne doit pas se laisser tromper par la flexion de l'encolure. Bien que cette flexion soit utile, elle serait insuffisante sans le jeu de la mâchoire. »

François Baucher

Toujours et tout le temps, entretenir la décontraction par la permanente mobilité de la mâchoire. Sans la souplesse de toute la musculation, impossible d'être maître de la masse.

« Le cheval qui " tire sur la main " n'est pas " sur la main ", il est au-delà de la main. »

Fillis

Absolue vérité à se remémorer, surtout en France, où il est tout le temps parlé de « pousser le cheval sur la main » en oubliant la base même de l'art équestre :

« Le cheval doit être en avant des jambes, en arrière de la main. »

François Baucher

« Le relèvement de l'encolure constitue un des points fondamentaux de l'équitation, le meilleur moyen de régler à volonté la vitesse du cheval et d'abréger immensément la durée du dressage. »

Gustave Le Bon

« L'encolure haute, c'est les jarrets s'engageant aisément sous la masse, c'est la hauteur des actions de l'avant-main... la première condition du bon équilibre. »

Fillis

Loi fondamentale, évidence absolue de toute la grande équitation, et plus spécialement du classicisme français.

Loi bafouée, totalement écartée, non sur son principe – la prétendue défense du classicisme oblige. Mais dans les faits, quand à partir des années 50, naquit en France – plus spécialement à Fontainebleau et Saumur – la folie du « travail vers le bas », tous les chevaux se déplaçaient alors les naseaux perpétuellement au ras des pâquerettes.

Folie abandonnée... – et les coups de boutoir que nous avons donnés y ont largement contribué –, mais qui laisse encore des séquelles. Si on ne travaille plus « le nez par terre », l'école officielle demeure encore réticente au véritable et franc relevé de l'encolure.

Oh ! ça viendra !... Mais quand ?

Et alors nous retrouverons :

« La légèreté qui caractérise l'équitation française doit être la préoccupation constante du dresseur. »

Colonel Jousseaume

TABLE DES MATIÈRES

Sport et photographie :
les conseils Kodak

La photographie sportive présente à la fois des aspects spécifiques – fonction des disciplines pratiquées et des effets recherchés – et des aspects généraux liés, pour l'essentiel, à la traduction du mouvement, au choix du film ainsi qu'à la maîtrise de l'équipement. Elle suppose, en outre, une bonne connaissance du sport considéré afin de pouvoir saisir le sujet sous l'angle le plus favorable et de déclencher au meilleur moment.

Choix de l'équipement

En principe, n'importe quel type d'appareil – Compact ou Reflex – permet, s'il est utilisé rationnellement, de se livrer aux joies de la photo sportive mais il est bien évident que leurs possibilités ne sont pas les mêmes, notamment lorsqu'il s'agit d'isoler certains mouvements intéressants, d'opérer à grande distance du sujet ou bien encore de « figer » des mouvements très rapides. Les « **Compact** » seront généralement limités à des photos d'ensemble ou à des plans moyens, selon le sport concerné, à moins de bénéficier d'un emplacement permettant de se placer très près du sujet.

Quant aux « **Reflex** » 24 × 36 mm, ils possèdent tous les avantages requis pour la photo sportive, grâce aux nombreux accessoires dont ils peuvent être équipés. Les appareils modernes peuvent pratiquement tous fonctionner en **automatique** (exposition et mise au point), ce qui permet à l'opérateur de se concentrer entièrement sur le déroulement de l'action sans se soucier des variations d'éclairage et de distance.

Le choix de la focale de l'objectif dépend évidemment du sport pratiqué, de la grosseur des plans souhaitée ainsi que des effets recherchés. La panoplie idéale du photographe sportif amateur comporte un 35 mm (c'est à peu près la focale des Compact) utilisé comme objectif standard pour réaliser des plans d'ensemble, un téléobjectif de puissance moyenne de 100 à 135 mm, idéal pour saisir des détails à distance moyenne, ainsi qu'une longue focale de 200 à 300 mm. Par ailleurs, grâce aux progrès réalisés au cours des dernières années, les **zooms** ont maintenant des performances proches de celles des objectifs à focale fixe ; deux d'entre eux : 35-70 et 75-150 ou 80-200 mm, par exemple, peuvent permettre de couvrir la quasi-totalité des besoins. La possibilité de faire varier les dimensions du sujet – tout en maintenant la mise au point – constitue un avantage appréciable des zooms, notamment pour les prises de vues de scènes en mouvement constant (comme le football et le rugby, par exemple) ou encore lorsqu'il s'agit de réaliser des séquences d'images de sujets qui se rapprochent de l'appareil : arrivée d'une course cycliste ou de chevaux, par exemple. Seul handicap de la plupart des zooms, leur faible ouverture maximale, fort heureusement compensée par l'emploi de films de plus en plus rapides.

Il faut savoir aussi que **vitesse d'obturation et focale sont étroitement liées** ; plus cette dernière est longue, plus la vitesse doit être courte pour éviter les flous de bougé : par exemple, 1/125 s pour des objectifs de 100 à 135 mm et 1/250 pour ceux de 150 à 200 mm.

Le **moteur** constitue indéniablement l'accessoire le plus utile dans la mesure où il permet de prendre des séquences d'images en rafales, à des cadences pouvant varier de 2 à 5 images par seconde ou davantage ; l'opérateur peut ainsi suivre le déroulement de l'action, le doigt sur le bouton, et déclencher au meilleur moment, certain d'avoir saisi l'action dans sa globalité et de pouvoir choisir la meilleure phase de la séquence.

Choix du film

Les progrès technologiques réalisés récemment dans la fabrication des films – négatifs ou inversibles – ont permis de concilier à un degré jamais atteint rapidité, granulation, contraste et latitude de pose. Il n'en demeure pas moins que le choix d'un film doit être fait en fonction des conditions d'éclairage (pas toujours prévisibles !), de l'ouverture maximale de l'objectif et de la vitesse d'obturation imposée par le sujet, mais que **le meilleur est celui qui, pour la plus faible rapidité, permet d'obtenir l'effet et la qualité recherchés.**

Kodak offre, dans ce domaine, une gamme de films extrêmement complète couvrant la totalité des besoins courants.
Les films couleur **négatifs** sont essentiellement destinés au tirage d'épreuves sur papier ; ils offrent une très grande souplesse d'emploi en raison de leur latitude de pose très étendue et donnent des couleurs brillantes et saturées ; les films **Kodak Ektar** 25, 100 et 1000 ISO, derniers-nés de la gamme, bénéficient d'une avance technologique considérable. Le plus lent (25 ISO), d'une très grande finesse de grain, autorise des rapports d'agrandissement très élevés ; le 100 assure un excellent compromis entre rapidité et granulation tandis que le 1000 permet d'opérer en lumière ambiante, à main levée, la plupart du temps, de jour comme de nuit. Les films Ektar doivent être exposés avec une assez grande précision ; aussi sont-ils réservés, en principe, aux Reflex et à certains Compact haut de gamme.

Quant aux films **Kodak Gold** : 100, 200 et 400 ISO, ils bénéficient d'une très grande latitude de pose et donnent des couleurs vives et saturées dans tous les types d'appareils.

Les amateurs de diapositives disposent, eux aussi, d'un choix important : films inversibles Kodachrome 25, 64 et 200 ISO et Ektachrome 50 HC, 100 HC, 200, 400 et 800/1 600 ISO, ce dernier tout spécialement réservé aux prises de vues en lumière ambiante, à l'emploi de téléobjectifs à faible ouverture ou à des vitesses d'obturation très élevées. Il est même possible, en cas de besoin, de tirer encore un meilleur parti des films Ektachrome en doublant leur rapidité, au prix d'un traitement spécial ; il en résulte un léger accroissement de la granulation et du contraste ; en revanche, les couleurs n'en sont guère affectées.

Vitesse et mouvement

En principe, plus un mouvement est rapide, plus la vitesse d'obturation pour le « stopper » doit être courte, toutes conditions identiques, par ailleurs, bien entendu. Trois autres facteurs influent aussi sur le choix de la vitesse d'obturation : la distance du sujet, l'angle de prise de vue et la focale de l'objectif. Plus la distance est courte, plus celle-ci doit être brève ; de même, un sujet se déplaçant dans une direction formant un angle de 90° avec l'axe de prise de vue exige, pour être « figé », une vitesse d'obturation plus courte que celui qui vient de face ou obliquement. Ainsi une vitesse d'obturation de 1/125 s sera-t-elle suffisante pour photographier des sprinters venant vers l'appareil, mais il faudra opérer au 1/1 500 s s'ils se déplacent parallèlement au plan de l'appareil. Enfin, une vitesse de 1/125 s, jugée suffisante pour photographier un mouvement avec un objectif de 45 mm de focale, devra être doublée (1/250 s) pour prendre le même sujet avec un objectif de 90 mm.

Important

Si vous avez affaire à des mouvements à vitesse variable (sauts en hauteur ou à la perche, plongeons...), il est généralement possible de les saisir dans leur phase la plus lente, c'est-à-dire au moment du léger temps d'arrêt qui sépare la phase ascendante de la phase descendante du mouvement ; une vitesse de 1/125 s ou, à la rigueur, de 1/250 s est alors suffisante. Les appareils Compact peuvent donc être utilisés dans ces conditions particulières. Par ailleurs, il n'est pas toujours souhaitable de « figer » un mouvement ; souvent, la sensation de vitesse sera plus forte lorsque le sujet sera « filé » (flou) et le fond net ; c'est la technique du « panoramique » consistant à suivre le sujet dans le viseur et à déclencher tout en poursuivant le mouvement de suivi.

« L'instant décisif »

Savoir déclencher au bon moment pour saisir le sujet dans sa phase la plus spectaculaire est un art qui requiert à la fois une bonne connaissance du sport pratiqué et des réflexes très rapides. Certains événements (chutes, accidents...) se produisent, en effet, en une fraction de seconde et ne peuvent être saisis que s'ils ont été « anticipés », à moins que la chance ne soit de votre côté. Le moteur constitue, à cet égard, un accessoire très utile.

FILMS EN COULEURS KODAK

INVERSIBLES	NÉGATIFS
Type	Type
Kodachrome 25	Kodak Gold 100
Kodachrome 64	Kodak Gold 200
Kodachrome 200	Kodak Gold 400
Ektachrome 50 HC	Kodak Ektar 25
Ektachrome 100 HC	Kodak Ektar 100
Ektachrome 200	Kodak Ektar 1000
Ektachrome 400	
Ektachrome 800/16	
Ektachrome 160*	

* *Film équilibré pour la lumière artificielle (3 200 K)*

DANS LA MÊME COLLECTION

" Sports pour tous "

L'ALIMENTATION, CLÉ DE LA PERFORMANCE
Dr Steve Wootton

ATHLÉTISME
Alain Billouin
T.1. Les courses *
T.2. Les sauts. Les lancers. Épreuves combinées.

BASKET
Jacky Chazalon, Alain Gilles

BOXE
Jean-Claude Bouttier, Jean Letessier

BOXE FRANÇAISE
Lydie Raisin, Richard Sylla

LES CLÉS DU GOLF
Patrick Cros, Jean-Louis Calméjane

CONDUITE EN COMPÉTITION
Alain Prost, Pierre-François Rousselot

COURIR PLUS VITE, PLUS LOIN
Cordner Nelson

CYCLISME SUR ROUTE
Bernard Hinault, Claude Genzling

DÉCOUVERTE DU CHEVAL
Techniques équestres
Michel Robert, Laurent Cresp

DÉFENSE DE SOI ET D'AUTRUI
Jean-Marc Mazzieri

ÉQUITATION DE SAUT D'OBSTACLES
Jean d'Orgeix
T.1. L'analyse
T.2. La méthode

ESCALADE LIBRE
Marc Le Menestrel, Stéphane Deweze

LA FEMME ET LE GOLF
Nancy Lopez

LA FEMME ET LE TENNIS
Anne-Marie Rouchon

* *nouvelle édition*

FOOTBALL *
Robert Herbin, Jean-Philippe Rethacker

GOLF *
Jean Garaïalde

LE GOLF COMMENCE À 50 ANS
Gary Player

GOLF, LE JEU INTÉRIEUR
Timothy Gallwey

HOCKEY SUR GLACE
Tristan Alric

JUDO *
Jean-Paul Coche, Jean-François Renault

MANGER POUR GAGNER
Bible de la nutrition de tous les sports
Dr Robert Haas

MANGER POUR RÉUSSIR
Programme de performances maximales
Dr Robert Haas

LE MENTAL POUR GAGNER
La préparation psychique du sportif
John Syer, Christopher Connolly

MÉTHODE DES ARTS MARTIAUX À MAINS NUES
Kenji Tokitsu

MULTICOQUES
Philippe Poupon, Bruno Franceschi

LA NOUVELLE GLISSE
Pierre Raisson

PARACHUTISME *
Guy Sauvage

PARAPENTE
Christian Combaz, Jacques Ségura

PATINAGE *
Alain Billouin, Philippe Pélissier

PÉTANQUE *
Marco Foyot, Louis Dalmas, Alain Dupuy

PLANCHE À VOILE
Fred Beauchêne, Bruno Franceschi, Alain Pichavant

PLONGÉE SOUS-MARINE
Charles Oliviero

PONEYS
Louis de Pas, Laurent Cresp

PSYCHO/GOLF
Willy Pasini, Jean Garaïalde

RANDONNÉE PÉDESTRE
Anne-Marie Minvielle

RUGBY
Jacques Fouroux, Henri Garcia

SKI NAUTIQUE
Jean-Michel Cau

SKIS PLAISIR
Noël Grand, Renaud Richebé

SKI ET PSYCHISME
Timothy Gallwey

LE SPORT DANS LA TÊTE
Kay Porter, Judy Foster

SQUASH
Jahangir Khan

LA STRATÉGIE DU VAINQUEUR
Carlos Goffi, John McEnroe

TENNIS *
Georges Deniau

TENNIS ET CONCENTRATION
Timothy Gallwey

LE TENNIS ET L'ENFANT
Jean-Claude Massias, Gérard Jaquet

TOP TENNIS
14 jours de stage avec Ivan Lendl
Ivan Lendl, George Mendoza

TRIATHLON *
Yves Cordier, Max Malaurent

VÉLO-loisirs-cyclotourisme-cyclosport-raid *
Bernard Hinault, Claude Genzling

VÉLO TOUT-TERRAIN
Bernard Hinault, Patrick Hennet

VOLLEY-BALL
Gilles Petit, Michel Genson, Éric Daniel, Gérard Castan

« Documents sports pour tous »

SÉLECTIONNEZ VOTRE SPORT
Dr Robert Arnot, Charles Gaines

« De corps et d'esprit »

L'ALIMENTATION DE LA FEMME ENCEINTE ET DE L'ENFANT SELON L'ENSEIGNEMENT DU Dr KOUSMINE
Dr Alain Bondil, Marion Kaplan

LE CORPS EN LIBERTÉ
Lucy Lidell

LA DANSE
Robert Cohan
École de danse contemporaine de Londres

L'ÉNERGIE DU MENTAL
Denis Postle

LE LIVRE DES MÉDECINES NATURELLES
Andrew Stanway,
Richard Grossman

LE LIVRE DES PLANTES UTILES
Richard Mabey

MANGER MIEUX POUR MIEUX VIVRE
Penny Stanway

MARCHER, RESPIRER, VIVRE
Édouard et Colette Stiegler

MASSAGE
Guide complet, étape par étape, des techniques occidentales et orientales

LE MASSAGE DES BÉBÉS
Peter Walker

MASSAGE POUR LES MAUX DE TOUS LES JOURS
Sara Thomas

UNE MÉDECINE NATURELLE POUR VOS ENFANTS
Julian Scott

MIEUX VIVRE DANS LE MONDE MODERNE
Léon Chaitow

SAUVEZ VOTRE CORPS
Dr Catherine Kousmine

LE STRESS
Alix Kirsta

LA THÉRAPIE PAR ZONES
Joseph Corvo

LA VOIE DE L'HARMONIE
Howard Reid

VOTRE ALIMENTATION SELON L'ENSEIGNEMENT DU Dr KOUSMINE
Marion Kaplan,
Dr Alain Bondil

YOGA
Centre international Sivananda

YOGA POUR MIEUX VIVRE
Dr Nagendra

Hors collection

AU CŒUR DU FOOTBALL
Robert Wurtz

AU KILOMÈTRE 250...
Cyril Neveu

L'AVENTURE RETROUVÉE
Jean d'Orgeix

ENCORE TROIS DIXIÈMES...
Christian Sarron

L'ÉQUIPÉE BELLE
Jacques Coddet

GÉNÉRATION SUPPORTER
Philippe Broussard

UNE HISTOIRE CULTURELLE DU SPORT
Techniques d'hier et d'aujourd'hui
Georges Vigarello

DU MIEL DANS MON CARTABLE
Jeannie Longo

SAVOIR NÉGOCIER LA VOIE DE LA RÉUSSITE
Donald Dell

LE PELOTON DES SOUVENIRS
Bernard Hinault

QUAND CLAQUENT LES PORTES
Robert Chapatte

VENDÉE GLOBE CHALLENGE 13 SOLITAIRES AUTOUR DU MONDE
Daniel Charles

VOLLEY ROCK - ROMAN
Gilles Petit

Albums

DES J.O. A LA COUPE DE L'AMÉRICA
Marc Pajot

JAPPELOUP LE CONQUÉRANT
Pierre Durand

LES MONTAGNES DE L'ESPRIT
3 expéditions en Himalaya
Marc Maisonneuve

PHOTOS/SPORT 88
Concours A.I.P.S.
ADIDAS/KODAK

PHOTOS/SPORT 89
Concours A.I.P.S.
ADIDAS/KODAK

40 ANS DE CARICATURES À L'ÉQUIPE
Déro, Alain Lunzenfichter

BLACHON/SPORT 1
Roger Blachon

BLACHON/SPORT 2
Roger Blachon

BLACHON/SPORT 3
Roger Blachon

LA GRANDE HISTOIRE DES MÉDAILLÉS OLYMPIQUES FRANÇAIS
Henri Charpentier

Photogravure : Azer, Paris
Impression : Imprimerie Hérissey, Évreux
Reliure : SIRC, Marigny-le-Châtel
Dépôt légal : janvier 1992
N° d'éditeur : 33723
N° d'imprimeur : 56097